영화 심리학

영화로 전해주는 마음 이야기

소 희 정

박영
story

머리말

외로워도 슬퍼도 나는 안 울어
참고 참고 또 참지 울긴 왜 울어

웃으면서 달렸다.

내가 만났던 자연이 푸른 들과 푸른 하늘이 아닐지라도 씩씩하게 달렸고 달려왔었다. 내 이름은, 내 이름은 '캔~디'가 아닌 소. 희. 정인데 말이다.

유년 시절로 거슬러 가보면 입 안에서 중얼거리던 노래가 '캔디'였다. 만화영화 속 '캔디'와 '빨간 머리 앤'을 동일시하며 자랐고, 지금도 내가 소중하게 간직하고 있는 이 책들과 나란히 하고 있다. 의식 안에서는 '내 머리카락이 곱슬곱슬해 별명이 '캔디'잖아. 그래서일 거야.'라고 생각했지만 심리 공부를 하면서 알게 되었다. 7살 무렵부터 나는 그저 어른 흉내를 내는 게 아니라, 이미 몸에 배인 양보를 하고, 보살피고, 힘들지 않은 척 살아왔다. 누가 강요하지 않았음에도 동생들을 돌보는 건 오로지 내 몫이었다. 아무도 내게 삶을 견디는 방법을 가르쳐주지 않았지만 잘 견디고 인내하면서 살아왔다.

내 삶의 틈 사이를 채우는 건 안식처이자 마음의 동굴인 깜깜한 극장이었다. 극장에 달려가 영화를 볼 시간과 여유가 없을 때면, 애틋한 마음을 길어 올려 오고가는 버스 안이나 지하철 안에서 노트북을 꺼내어 보았고, 긴 밤, 잠이 오지 않아 뒤척일 때면 이불 속에서 눈만 내놓은 채 촛불 옆의 책과 영화를 읽고 보았다. 그런 날들은 나의 마음 속 깊은 곳까지 가라앉아 있던 감성들을 일깨워주고 어루만져주었기에 충만한 시간이었다.

'무엇이 내 인생의 영화일까?' 떠올렸을 때 어떤 작품이 생각난다면 그것이 바로 자신을 치유해주는 영화일 것이다. 그 영화가 주는 감동으로 '재미있어서' 또는 '내가 좋아하는 배우가 나오는 영화'이거나 '잘 만든 영화'를 넘어 자신의 잃어버렸던 한 소식을 찾는 계기가 되거나 스스로 탐색해 또 다른 자아를 발견하리라 믿는다.

이 책은 영화에 관한 책이라기보다는 영화를 보고 자신의 내면을 촘촘하게 탐색하면서 스스로 통찰해보기를 바라는 마음으로 만들어졌다. 나아가서는 영화가 심리학적인 접근으로 이해할 때 어떻게 바라볼 수 있을까 안내해주는 책이기도 하다. 본 책에서 소개하는 영화를 보고, 텍스트를 읽으면서 음미해보면 좋겠다. 우리가 영화를 통해 얻을 수 있는 것은 영화 속 인물에 동일시되는 것에 머물지 않고 의식적 자각 하에서 감동과 지혜를 주는 힘이 어디에서 생기는지 알 수도 있다. 이 영화는 왜 내 인생의 영화인지, 어떤 영화를 보면 내 마음이 힘든 순간마다 위로가 되는지, 마음을 울리는지, 일반화가 아닌 자신만의 무엇이 있음을 깨닫게 된다. 영화를 보고, 읽고, 들으며 치유 받고 내가 그러했듯이 여러분도 영화에서 위로를 받았으면 좋겠다. 이 책을 읽는 당신도 당신의 마음을, 사람의 마음을 영화로 알아가면 좋겠다.

이 책의 구성은 1부에서 영화치료의 이해로부터 시작한다. 영화치료 선구자인 비르기트 볼츠(Birgit Wolz)의 상호작용적 접근방법인 지시적, 연상적, 정화적 접근을 인지·행동적 접근, 정신분석적 접근, 정서중심적 접근으로 재정립해 영화가 어떻게 치료의 과정으로 나아가는지의 방향성을 제시한다. 이어 2부에서는 심리학의 근본이 되는 인간중심, 자아실현, 실존주의, 의미치료, 대상관계, 교류분석 등의 심리학을 영화매체에 대입해 새로운 시각으로 만날 수 있도록 구성했다. 마지막으로 3부에서는 행복심리학, 에니어그램 성격유형을 통해 영화치료를 활용할 수 있도록 준비했다. 덧붙이건대 상담자와 치료사에 관해, 필요에 따라 혼용 표기하였으니 이를 참고해서 이해하는 데 어려움이 없기를 바란다.

이 안의 중심은 사람이며 영화다. 내가 그동안 상담과 심리치료를 하며 만났던 내담자들, 그리고 강의를 통해 만났던 다양한 사람들과의 경험을 나만의 방식이 깃든 초석으로 쌓는 길이라 두려움도 있었다. 하지만 옳은 길이라 생각하며 나아가려고 했다. 그 길은 내 욕심에 맞춰있기 보다는 원(願)을 세우고 그것을 성취해 나가고자 하는 마음의 길이기 때문이다. 내가 영화에서 치유 받고, 또 누군가에게는 치유를 도와줬듯이 이 책을 읽는 당신도 그랬으면 좋겠다. 영화 자체의 이해도 중요하지만 눈에 보이는 게 다가 아닌, 보이지 않는 그 너머의 세계로 들어가 자신을 만났으면 바람이다.

영화치료의 씨앗을 심어준 심영섭 교수에게 감사하고, 마음을 내어 함께 해준 정윤경 선생이 있었기에 바람이 불면 부는 대로 흔들리는 내가 힘과 위로를 받았다. 늘 지지해주는 박영스토리 노 현 대표, 따뜻한 온기를 품고 정성스레 매만져준 최은혜 편집자의 손길에 고마운 마음이다. 더불어 내가 한없이 자유롭게 날개를 펴고 날 수 있도록 응원해주는 나의 심장인 가족들에게 사랑을 전한다.

삶은 내 마음이 만들어내는 것만큼 그렇게 심각하지 않음을 이제는 안다. 그렇기에 이제는 외로워도 슬퍼도 울지 않고 참던 내 안의 내면아이가 자라 나의 '순수한 있음(Being)'으로 존재한다. 오랜 시간 영화심리학 책을 준비하며 머물렀던 기간은 철저하게 고독한 시간이었지만 혼자 있어도 행복감을 느꼈고 지금도 행복하다.

이제 춤을 추러 가야 할 시간이다.

목 차

PART 01

영화치료의 방향성

CHAPTER 01 영화치료의 이해 —— 11

1. 뤼미에르 형제의 '시네마토그래프' ……………………………………… 11
2. 영화치료의 정의 & 역사 ………………………………………………… 15
3. 영화치료의 장점 …………………………………………………………… 20
4. 영화치료의 종류 …………………………………………………………… 22
5. 영화치료의 과정 …………………………………………………………… 28

CHAPTER 02 영화치료의 치료적 관람 —— 39

1. 치료적 관람 ………………………………………………………………… 39
2. 치료적 관람 시 생각해야 하는 요소 …………………………………… 40

CHAPTER 03 인지·행동적 접근 ―― 45

    1. 영화치료의 상호작용적 세 가지 접근법 ·············· 45

    2. 인지·행동적 접근의 정의 ···························· 47

    3. 인지·행동적 접근의 특징 ···························· 48

    4. 인지·행동적 접근의 치유 요인 ······················ 50

    5. 인지·행동적 접근 영화 1 ··························· 55

    6. 인지·행동적 접근 영화 2 ··························· 57

CHAPTER 04 정신분석적 접근 ―― 61

    1. 정신분석적 접근의 정의 ···························· 61

    2. 정신분석적 접근의 특징 ···························· 69

    3. 정신분석적 접근의 치유 요인 ······················ 74

    4. 정신분석적 접근 영화 ····························· 80

CHAPTER 05 정서중심적 접근 ―― 85

    1. 정서중심적 접근의 정의 ···························· 85

    2. 정서중심적 접근의 특징 ···························· 88

    3. 정서중심적 접근의 치유요인 ······················ 92

    4. 정서중심적 접근 영화 ····························· 95

PART 02

심리학의 근본

CHAPTER 01 인본주의 ―― 99

    1. 로저스의 인간중심 접근 ···························· 99

    2. 매슬로우의 자아실현 접근 ························· 111

CHAPTER 02 실존주의 ── 121

    1. 실존주의적 접근 ·· 121

    2. 의미치료적 접근 ·· 135

CHAPTER 03 대상관계적 접근 ── 141

    1. 대상관계적 접근 ·· 141

    2. 교류분석적 접근 ·· 151

PART 03

심리학의 활용

CHAPTER 01 행복심리학 ── 165

    1. 행복이란 ··· 165

    2. 행복의 기술 ··· 169

CHAPTER 02 에니어그램 성격심리학 ── 179

    1. 에니어그램의 정의와 상징 체계 ·· 179

    2. 에니어그램 힘의 중심 ·· 182

    3. 영화 속 캐릭터 분석: 힘의 중심 관점 ································· 185

    4. 에니어그램의 9가지 성격유형 ··· 187

    5. 영화 속 캐릭터 분석: 9가지 성격유형 관점 ······················ 195

9분할 통합 회화법 ── 208

참고문헌 ── 209

영화치료의 방향성

CHAPTER

01 영화치료의 이해

02 영화치료의 치료적 관람

03 인지·행동적 접근

04 정신분석적 접근

05 정서중심적 접근

영화치료의 이해

1 뤼미에르 형제의 '시네마토그래프'

1) 영화의 탄생

뤼미에르(Lumiere)의 영화를 소개하는 포스터.

"오늘 저녁 시간 있으세요?"

"예. 그런데 무슨 일로…?"

"9시에 그랑 카페로 오세요. 오늘은 우리가 당신을 놀라게 해드릴 차례니까, 뭔가를 보여 드리겠어요. 당신을 어리둥절하게 할 수 있는 무언가를…."

"정말요? 그게 뭔데요?"

"쉿! 와서 보시면 알아요. 후회하지 않을 거예요. 그 이상은 아무것도 묻지 마세요."

1895년 프랑스에서 뤼미에르(Lumiere) 형제가 '움직이는 사진'이라며 세계최초로 '영화'를 상영했다.

이 두 형제는 오귀스트 마리 루이 니콜라 뤼미에르(Auguste Marie Louis Nicholas Lumière, 1862~1954), 루이 장 뤼미에르(Louis Jean Lumière, 1864~1948)이다.

뤼미에르 형제

영화의 시조라고 할 수 있는 이들은 기계 제작자인 동시에 제작·흥행·배급 등 현재 영화제작 보급형태의 선구적 역할을 하였다.

이들의 아버지인 샤를 앙투안 뤼미에르(1840~1911)는 화가였다가 사진가로 전업을 하였는데, 뤼미에르 형제가 최초의 영화를 상영할 수 있었던 근본적인 계기는 이 아버지의 영향이 크다고 볼 수 있다. 사진술에 대한 영향을 아버지로부터 자연스럽게 받아왔고 영화는 '사진술의 발달' 이후에 가능했기 때문이다. 샤를 뤼미에르는 두 형제가 태어나기 전인 1860년부터 이미 사진회사를 시작했고, 이후 아들 중 형은 경영자로, 동생은 기술자로 일을 하게 된다.

이 두 형제는 예술적인 감수성과 호기심이 많았으며, 학교에서 배우는 과목 중에서 과학에 두각을 나타내기도 했다. 특히 형인 오귀스트 뤼미에르는 생화학과 의학 분야, 동생인 루이 뤼미에르는 물리학에 관심이 많았다. 뤼미에르 형제는 카메라 내부에서 필름을 감는 시스템을 개발하였고 1895년 초에 필름 카메라이면서 필름 영상기, 인화기인 '시네마토그래프(Cinématographe)'의 특허를 냈다. 그리고 이 시네마토그래프를 발명하여 최초로 영화를 촬영했다.

공장 문을 나서는 노동자들(Sortie des Usines Lumière à Lyon)

기차의 도착(Sortie des Usines Lumière à Lyon)

　공장에서 퇴근하는 노동자나, 기차역에 도착하는 기차 등을 찍은 최초의 영화는 카메라의 움직임이 없는 몇 십 초짜리 짧은 영화였다. 주인공도, 줄거리도 없는 밋밋한 영상이었지만 당시 사람들에게는 충격 그 자체였다. 어떤 관객들은 자신들에게 달려오는 영상 속 기차에 치일까 두려워 달아나거나 의자에 깊숙이 파고들었다. 움직임이 있는 이미지를 처음 본데다, 재상영을 통해 삶의 모습이 다시 한 번 반복될 수 있고, 이 기록이 반영구적이라는 사실에 관객들은 죽음이라는 불멸의 적을 이긴 것 같은 감흥을 느꼈다.

1895년 12월 28일, 프랑스의 카퓌신가 14번지, 그랑 카페의 지하. 그날 그 어두 컴컴한 지하살롱에는 천 조각 하나, 의자 100개, 받침대에 올려놓은 영사기 한 대가 전부였다. 입구 쪽에 걸려 있는 플래카드가 그나마 좀 특이해 보였을 뿐. "뤼미에르 영화, 입장료 1프랑!". 첫 번째 상영은 33명의 관객동원이라는 결과와 함께 막을 내렸다. 특별히 초청한 기자들은 나타나지도 않았다. 그러나 단 며칠 사이에 사태가 역전되기 시작했다. 별다른 광고를 하지 않았음에도, 사람들이 하나둘 몰려들었다.

2) 에디슨의 '키네토스코프'

뤼미에르 형제보다 먼저 최초의 영화에 관한 이름을 거론한다면 '에디슨'이라고 말할 수 있다. 1893년에 이미 에디슨이 움직이는 사람들의 영상을 보여줄 수 있는 키네토스코프(Kinetoscope)를 만들었기 때문이다. 그런데 이 키네토스코프의 문제점은 너무 무겁고, 혼자서만 볼 수 있는 장치라는 것이었다. 이 에디슨의 키네토스코프를 개선해서 루이 뤼미에르가 1894년 2월 13일, 키네토스코프 특허를 획득한 뒤, 루이 뤼미에르가 노동자들이 공장을 떠나는 장면을 촬영하였다. 이후 1895년

키네토스코프(Kinetoscope): 커다란 나무상자처럼 생겼으며
내부에 설치된 접안렌즈와 연결된 구멍을 통하여
녹화된 장면들이 재생되도록 만든 기구

12월 28일 뤼미에르 형제는 파리 그랑 카페에서 최초의 영화 상영회를 개최한다. 이 때 10편의 영화(활동사진)가 상영되는데 그 중 한 편이 '기차의 도착'이다.

미래를 내다보는 혜안을 가진 에디슨은 천부적인 사업수완으로, 그의 발명품 키네토스코프를 부와 행운을 낳는 거위로 활용했다. 1894년 4월 14일, 첫 번째 키네토스코프 전문점을 뉴욕에서 선보인 후, 다른 영사기들도 미국의 대도시들에 급속도로 전파되었다. 뿐만 아니라 런던, 파리, 멕시코시티 등 세계의 대도시들에서도 주문이 쇄도했다. 영화기기와 영화 판매 및 배급을 몇몇 에이전트가 장악하기 시작한 것도 그 무렵의 일이었다. '살아 움직이는 영상', 동영상을 파는 이 신종 사업은 톡톡한 이익을 안겨다 주며, 세계무역화의 길로 들어서고 있었던 것이다.

2 영화치료의 정의 & 역사

1) 어원의 의미

- 영화(映畫, Cinema)의 사전적 정의는 어떤 사실이나 극적 내용을 연속 촬영한 필름에 담아 영상으로 보여줌으로써 감동을 주는 예술의 한 장르다. 영화는 비추어진 그림이며, 움직이는 사진이고, 움직이는 이미지라고 말할 수 있다. 영화의 본질적인 핵심은 움직임을 재현해내는 것이다.

- 심리(心理, Psychology)의 사전적 정의는 마음의 작용과 의식의 상태다.

- 치료(治療, Therapy, Treatment)의 사전적 정의는 병이나 상처를 잘 다스려 낫게 한다는 의미다. 'Therapy'는 19세기 중반에 등장한 용어로, '주의를 기울인다', '돌본다'는 뜻의 그리스어 'Therapeis'와 근대 라틴어 'Therapia'가 그 어원이다. 영화치료는 영화와 심리학 두 분야의 결합이다.

- 치유(治癒, Healing)는 병의 근본 원인을 제거해 그 병이 없던 상태로 되돌리는 것을 말하며 그 사전적 정의는 심리적인 안정감을 주는 것, 또는 그것을 주는 능력을 가진 존재의 속성이다. 치료에서는 아픈 부위를 치료하는 대상이 있다면 치유는 자기 스스로 병을 낫게 한다는 의미가 있다. 또한 의학적으로 치료는 병을 고치거나 상처를 아물게 한다는 뜻 외에는 심리적으로 안정감을 준다는 의미가 없다. 우리 몸에 상처가 나면 '치료'한다고 말하지 '치유'한다고 하

지는 않는다. 그러나 마음의 병이 생겼을 때는 치료보다는 치유한다는 말이
더 어울린다.

2) 영화치료의 정의

영화치료의 선구자인 비르기트 볼츠(Birgit Wolz)는 영화치료(CinemaTherapy)를
들어, 개인의 성장과 치유, 그리고 변화를 위해 영화를 활용하는 것은 구어체가 시
작되면서 유래한 '이야기 하기'와 '자기 반영' 사이 연관성의 오랜 연장선상에 있다
고 하였다. 일반적으로 영화치료는 영화 및 영상매체를 상담과 심리치료에 활용하
는 모든 방법을 지칭하는 것으로(심영섭, 2011), 상담자가 내담자에게 치료적인 효
과를 촉진할 수 있는 매체로서 영화를 선택하고 상담자-내담자-영화 간의 상호
작용을 통해 자신의 내면을 탐색할 수 있도록 돕는 것이다. 따라서 영화치료는 자
신과 타인에 대한 정서적 통찰, 인지적 사고, 행동의 변화 등을 알아차리고 깨우치
는 적극적 의미의 과정이다.

최초의 영화가 상영된 후 거의 100년이 지난 1990년대 초부터 영화치료라는 용
어를 사용하게 되었다. 이 시기부터 영화를 보려고 굳이 극장에 가지 않아도 집에
서 비디오를 대여해 볼 수 있는 시대가 열렸다. 이후 급속도로 발전한 산업과 기술
적인 발달로 인해 영화는 이동하면서도 감상할 수 있게 되었고, 시간과 장소를 국
한하지 않고 언제, 어느 곳에서나 볼 수 있는 시대로 변화되었다.

3) 영화치료의 역사

영화치료는 90년대 초반 미국의 사회복지, 간호, 임상심리 전문가들이 집단 상담
이나 부부 상담 등에 영화를 활용하는 방법을 모색하면서부터 태동되었다. 정신질환
내담자들의 심리치료를 위한 '영화치료(movie therapy; cinematherapy; film therapy)'의
선구자인 미국 Northridge Hospital Medical Center의 월터 제이콥스(Walter E.
Jacobson)는 코넬 대학교(Cornell University)에서 심리학을 전공하였고, 1977년 위스
콘신 의대(University of Wisconsin)를 졸업하였다. 그는 영화치료를 통해 내담자들
이 영화 속 인물과 자신을 동일시하면서 비슷한 상황을 이해하고 극복하였다고 말
하였다. 그 과정은 다음과 같다. 상담을 통해 내담자의 심리상태를 파악한 뒤 그에

맞는 영화를 추천해준다. 이후 내담자는 영화를 본 뒤 영화 속의 인상적인 장면이나 메시지 등에 대해 간단한 보고서를 제출하고 토론을 한다. 임상사례에 따르면, 부정적인 사고방식 때문에 고민하고 있는 내담자에게 영화 스타워즈 시리즈의 '제국의 역습(1980)'을 보여주었더니 인식이 개선되었다. 또한, 영화의 '요다' 캐릭터가 "사람들은 스스로 변화할 수 있는 능력에 대한 확신이 없기 때문에 실패하는 것"이라며 적극적 사고를 기르도록 내담자를 고무하였다고 한다. 캘리포니아의 많은 주민이 느끼는 상대적 박탈감에 시달려온 내담자에게는 배우 제임스 스튜어트가 천사의 도움으로 새 삶을 얻는 과정을 그린 '멋진 인생(1946)'을 추천하였다. 한 남자가 목숨을 끊으려 하자 천사가 나타나 그 남자가 살아오면서 베풀었던 선행으로 이 세상이 더욱 살기 좋아졌음을 상기시키며 그에게 삶의 용기를 불어넣어 준다는 내용이다. 이 영화는 자아존중감이 사라진 내담자들에게 매우 효과적이었다고 한다.

'영화와 심리학'의 저자 대니 웨딩(Danny Wedding)은 하와이 대학교(University of Hawaii)와 미시시피 의료 센터(University of Mississippi Medical Center)에서 임상 심리사로 지냈다. 이후 1991년 미주리 주 정신 건강 단체에 봉사하는 대학 연구 및 정책 센터인 MIMH(Missouri Institute of Mental Health) 소장으로 미주리 대학교 의과 대학(University of Missouri-Columbia School of Medicine)에 입사했다. 그리고 샌프란시스코에서 홍콩, 도쿄 및 멕시코시티에서의 연수 프로그램을 담당한 Alliant International University의 캘리포니아 전문학교 심리학과 부교수로 재직했다. 또한 심리치료, 정신치료 사례 연구, 행동 및 의학치료, 신경과학 연구, 뇌 손상 검사, 영화 및 정신착란 등 10권의 책을 저술하거나 편집하였다. 그는 현재 APA Council of Representatives와 APA 국제 심리학위원회(CIRP)에서 근무하고 있다.

다양한 나라에서 시작된 초기 영화치료는 영화 속 주제를 현실에 대한 은유적 상황으로 보고 실존적, 정신분석적, 인본주의적 접근에서 상담에 응용되었다. 이후, 비디오 기기의 보급이 보편화된 90년대 후반부터 미국이나 유럽에서 독서치료를 대치하거나 보완하는 새로운 예술치료법의 하나로서의 영화치료에 관한 연구가 활발히 진행되었다. 영화의 심리치료 활용에 관한 서적들도 이때부터 등장하기 시작했다. 영화를 통해 긍정적·부정적 감정을 해소하는 카타르시스를 경험하며 기쁨, 우울, 슬픔, 분노 등과 같은 기분을 상기시키거나 전환하는데 도움을 주는 '처방전'식 서적이 출판되었다.

영화치료는 의학, 정신 건강 문제에 대한 보완 요법이나 자조의 한 형태로 사용되어 왔으며 이 치료법은 게리 솔로몬(Gary Solomon)박사에 의해 만들어지고 대중화되었다. 캘리포니아 주립대 심리학과의 스튜어트 피쇼프(Stuart P. Fischoff) 명예교수도 영화치료의 지지자 중의 한 사람이다. 그는 영화치료는 지난 1930년대 유행했던 독서요법이 시대변화의 흐름을 따르며 자연스레 발전된 것이라고 하였다. 영화가 20세기 후반의 문학이나 다름없는 자리를 차지하면서 사람들이 독서에 관한 이야기보다는 영화의 시각적, 청각적인 감각에 더 노출되어, 영화를 듣고 본 것에 대한 이야기를 더욱 많이 한다는 것이다. 또한, 그는 "영화란 영혼에 놓는 주사와 같아서 내담자가 너무 고통스러워 이야기하지 못하는 주제까지 포괄한다."며 영화를 통해 내담자의 심리상태를 더욱 쉽고 정확하게 파악할 수 있다고 하였다. LA의 많은 치료사들은 그들의 내담자들로 하여금 어려운 고난을 극복하는 것을 도와주기 위하여 영화를 권장하고 있다.

영국의 영화치료전문가로서 'The Movie Therapist'라는 웹 사이트를 운영하는 Bernie Wooder는, 영화란 제3자의 시각으로 보는 것이기 때문에 내담자가 무의식적이고 억눌린 느낌을 쉽게 털어놓을 수 있으므로 영화치료는 매우 이상적인 치료법이라고 하였다.

"Movies are a true example of how art imitates life. To begin the journey all you need to do is to identify those movies that apply to your individual life problem or those that will help you to self-nurture and grow. The movies will help you experience healing yourself and/or supporting family members and friends along their own healing path."

영화는 예술이 어떻게 삶을 모방 하는가에 대한 진정한 본보기이다. 여행을 시작하려면 개인적인 삶의 문제에 적용되는 영화나 스스로 육성하고 성장하는 데 도움이 되는 영화를 확인해야한다. 그 영화들은 당신이 스스로를 치유하고, 또는 가족과 친구들이 그런 길로 들어설 때 그들을 지지하는 경험을 하는데 도움이 될 수 있다.   -Gary Solomon

"Films are metaphors that can be utilized in therapy in a manner similar to stories, myths, jokes, fables, and therapeutically constructed narrative insights. Because films galvanize feelings, they increase the probability that clients will carry out new and desired behaviors. Cognitive insights tell clients what they ought to do but affective insights give them the motivation to follow through."

영화는 치료에서 이야기, 신화, 농담, 우화 그리고 치료적으로 구성된 서사적 통찰로 활용될 수 있는 은유이다. 왜냐하면 영화는 감정을 자극하기 때문에, 내담자가 새롭게 바라는 행동들을 할 수 있는 가능성을 증가시킨다. 인지적인 통찰은 내담자에게 그들이 해야 할 것에 대해 이야기하지만, 정서적 통찰은 내담자가 계속 할 수 있는 동기를 부여한다.   - Stephen S. Pearce

"Video Work is a therapeutic process in which clients and therapists discuss themes and characters in popular films that relate to core issues of ongoing therapy. In Video Work, we use films to facilitate self-understanding, to introduce options for action plans, and to seed future therapeutic interventions."

비디오 워크(Video Work)는 일반적으로 상영하는 대중적인 영화에서 진행 중인 치료의 핵심 쟁점과 관련된 주제와 등장인물을 내담자와 상담자가 토론하는 치료 과정이다. 비디오 워크에서는 자기 이해를 돕고, 행동 계획을 위한 선택을 소개하고, 미래의 치료적 개입을 위해 영화를 사용한다.

                                                    - John W. Hesley &Jan G. Hesley

3 영화치료의 장점

영화를 교육, 상담, 치료 장면에 적용할 경우의 장점을 살펴보면 다음과 같다.

첫째, 다양한 대상들이 쉽고 편하게 접근할 수 있다.

영화는 종합예술이라고 불린다. 빛과 색채 및 음향 등 스크린 안에서 일어나는 것은 마치 실제로 우리가 경험하는 것처럼 믿게 만든다. 왜냐하면 시각적 이미지를 통해 보고, 음악을 비롯한 소리를 통해 듣는 것처럼, 문자가 아닌 영상이라는 범문화적 형태의 시각적, 청각적 자극이 활용되기 때문이다. 이러한 감각을 자극해 정서를 이끌어 내기도 한다. 이렇게 다양한 감각을 자극하는 영화는 대중을 전제로 만들어지는 예술이기에 접근성이 용이하고, 약 2시간가량의 시간이면 충분히 한 편을 감상할 수 있어 비자발적인 아동이나 청소년뿐만 아니라 노년에 이르기까지 다양한 대상들이 쉽고 편하게 접할 수 있다.

둘째, 영화는 교육, 상담, 치료, 연수 과정 등에서 활용 가능성이 탁월한 매체다.

책과 영화는 생각을 확장시킬 수 있고, 재구성할 수 있는 일반적인 과정을 갖고 있다. 영화는 책과 비교하였을 때 시간을 절약할 수 있고 생생한 효과의 측면에 있어서 탁월하다. 상담자와 내담자의 상담 과정이 아니어도 영화는 교육, 연수 과정 등에서 간접 경험을 통해 자신의 내면을 탐색하고 자기 자신을 이해함으로써 스스로의 인식을 변화시킬 수 있다.

셋째, 예술매체 중에서 가장 핍진성과 편재성이 강하다.

영화는 핍진성(verisimilitude: 정말(진실) 같음, 있을 법함, 정말 같은 이야기)과 편재성(ubiquity: 도처에 있음)의 힘이 강하다. 이러한 영화의 사실적인 속성은 영화 속 텍스트를 더욱 현실과 가깝게 느끼게 해주어 내담자의 지각에 강력한 영향을 준다. 영화는 청각과 시각, 문자언어 등을 모두 동원하는 다감각 매체로서 다른 어떤 매체보다도 우리가 '인간의 조건'이라고 부르는 보편적인 욕망, 아이디어, 고통, 자긍심과 웃음, 상징, 이미지를 풍부하게 표현한다. 이러한 보편적 강점을 잘 활용한다면 영화는 내담자의 인지적·정서적 통찰에 큰 영향력을 미칠 수 있다.

넷째, 영화 자체가 보조 치료의 속성을 지니고 있다.

영화 속 주인공을 비롯한 캐릭터들은 보조 치료가 되거나 훌륭한 모델이 된다. 영화 속 등장인물이 부정적인 인물일 경우에도 마찬가지이다. 역경을 이겨내는 주인공을 자신과 비교하며 '나만 힘든 삶이 아니구나!' 마치 누군가가 자신의 마음을 공감하고, 이해해주는 것처럼 위로를 받기도 한다. 극중 인물들이 겪는 시련 과정이나 문제를 해결해나가는 과정을 보며 희망과 용기를 얻는다. 즉, 영화는 그 자체로 강력한 치료적 속성이 있다.

다섯째, 정서적 통찰을 얻는다.

영화는 감상하는 자체만으로 정서가 강하게 활성화될 수 있다. 언어상담으로 정서를 다룰 수 있지만, 비언어적인 매체의 속성은 억압된 정서에 더욱 쉽게 접근할 수 있도록 해준다. 이렇게 자신의 정서를 극대화할 수 있고 카타르시스를 경험하는 과정에서 삶에 대한 의미를 부여하며 정서적 통찰을 얻을 수 있다.

여섯째, 공통의 경험을 가진다.

이렇듯 영화는 상담자와 내담자가 관람 경험을 공유함으로써 공감대를 형성하고 치료적 관계를 견고하게 하도록 돕는다(Berg-Cross et al., 1990). '지금-여기'에서 공통의 경험을 공유하고 공감대를 형성함으로써 더욱 쉽게 라포를 형성할 수 있다. 나아가 내담자의 심리상태를 파악할 수 있으며, 상담목표와 내담자의 주 호소 문제에 대해서도 도움을 줄 수 있다.

일곱째, 새로운 힘의 잠재력을 보여준다.

영화는 인간 경험의 깊이를 밝히는 잠재력을 지니고 있다. 교육이나 집단상담 시 영화를 함께 보는 공통의 경험은 영화 한 편을 바라보는 관점이 서로 다름을 파악할 수 있고, 등장인물에 투영하는 인물이 서로 다름도 느낄 수 있으며 그 과정에서 대인관계의 패턴도 이해할 수 있다.

4 영화치료의 종류

영화치료는 크게 감상 영화치료와 표현 영화치료 두 가지 방식으로 나눌 수 있다. 첫째, 감상 영화치료는 영화를 감상한 뒤 심리치료적인 접근방법을 통해 자신을 이해하고 문제를 해결해나가는 방식이다. 감상 영화치료는 자기 조력적 영화치료와 상호작용적 영화치료로 나눌 수 있다. 둘째, 표현 영화치료는 만들어진 영화를 감상하는 것과 달리 직접 스토리 구상, 영상 촬영, 편집 등 직접적인 표현기법을 통해 개인 또는 집단의 인지, 정서, 행동을 통합하고 해체하는 과정을 창작하는 방식이다.

1) 감상 영화치료

(1) 자기 조력적 영화치료

자기 조력적 영화치료(Self-help CinemaTherapy)는 영화를 관람하는 사람의 자발적 작용을 통하여 일어난다. 영화를 보면서 기분이 좋아지거나 마음이 아프거나 눈물을 쏟을 때도 있었을 것이다. 이러한 경험을 단 한 번이라도 해봤다면 이미 영화치료의 경험을 했다고 할 수 있다. 즉, 영화치료라는 개념을 이해하지 못해도, 우리는 이미 영화를 통해 '감동을 받았'거나 '인생의 중대한 결심'을 했다고 말한다. 이는 의식하지 않은 사이 영화를 통해 자신의 삶에 변화를 가져온다. 그런가하면 '잊을 수 없는 장면'이라며 영화의 일부를 회상하거나 반복해서 보는 영화, 여러 번 감상하여서 머릿속으로 회상할 수 있을 정도거나 대사와 장면을 모두 외우는 영화도 있다. 이렇게 영화를 보며 이미 정서적 카타르시스를 경험하면서, 영화를 자기 치료적으로 느끼고 받아들인 경우를 자기 조력적 영화치료라 할 수 있다. 즉 영화를 보면서 무엇이 자신에게 통찰을 주었는지, 영화 속 등장하는 인물에게 왜 끌리는지 또는 어떤 인물이 괜히 마음에 들지 않는지, 어떤 무의식의 반영인지를 알아차리지 못했을 뿐 영화는 이미 각자의 일상에 스며들어있고 그 과정에서 성장을 촉진시켰다.

MOVIE Talk? Talk!

1) 처음 본 영화는 어떤 영화인지 제목을 적어보세요.
   언제, 어디서, 누구와 함께 보았나요?

2) 영화관에서 처음 본 영화는 어떤 영화인지 제목을 적어보세요.
   언제, 어디서(극장), 누구와 함께 보았나요?

3) 기억에 남는 장면이 있다면 적어보세요(단어도 가능).

MOVIE Talk? Talk!

1) 영화, 드라마, 애니메이션 중에서 '내 인생에 의미가 있었던 것'을 떠올려보고 5편 의 제목을 적어보세요. 제목이 기억나지 않는다면 주인공, 대사, 장면 등을 적어보 세요.

-

-

-

-

-

2) 위의 5편에서 느꼈던 감정을 적어보세요.
   [형용사로 적어보기: 통쾌한, 행복한, 가슴 아픔, 짜릿함, 기분 좋은, 먹먹함 등]

-

-

-

-

-

3) 자신이 선택한 '내 인생의 영화 5편'은 어떤 공통점들이 있나요?

(2) 상호작용적 영화치료

일반적인 언어 상담의 경우 상담자와 내담자간 상호작용의 역동이 형성된다면 상호작용적 영화치료(Interactive CinemaTherapy)는 상담자와 내담자, 내담자와 영화의 상호작용으로 내담자의 변화를 일으킬 수 있다. 또한 영화 매체를 통해 상담자가 내담자와의 관계에서 다양한 방식의 의사소통이 가능하다. 자기 조력적 영화치료로 내담자가 자신을 탐색했다면, 조금 더 나아가 삶을 영화에 대입시키거나, 영화와 영화를 연결해 적절한 도움을 줄 수 있기에 상호작용적 영화치료의 효과성은 크다. 상호작용적 영화치료에서는 '어떤 영화를, 누구에게, 어떻게 보여줄 것인가' 등의 요소 결정과, 나아가 내담자의 문제해결 능력을 고취시키는 상담자로서의 '전문성'이 중요해진다. 상담자는 영화 매체에 대한 이해와 구체적인 상담 기술이라는 두 가지 분야 모두에 능숙해야 한다. 상담자는 내담자가 영화를 어떻게 바라보고 있는지 영화와 내담자 간의 중요한 상호작용을 잘 알아차리고 치료 방면으로 활용할 수 있어야 한다.

상호작용적 영화치료 시 상담자의 역할은 영화를 보고 내담자의 주 호소 문제 등이 치료될 수 있도록 개입하는 것이라 할 수 있다. 즉, 상담자는 내담자가 영화를 보며 동일시, 카타르시스, 통찰, 문제해결 방법에서의 적용 등을 원활하게 할 수 있도록 돕는다.

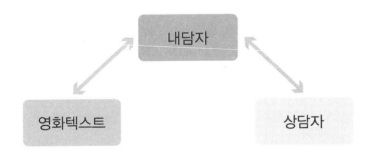

제목: 다른 한 짝, The Other Pair(2014)

감독: 사라 로직(Sarah Rozik)

각본: 모하메드 마허(Mohammed Maher)

줄거리:

남루한 옷차림의 아이가 길거리에서 낡은 슬리퍼 한 짝의 떨어진 끈을 고쳐보려 하지만 마음대로 되지 않는다. 그때 기차를 타기 위해 지나가는 한 아이의 반짝이는 새 신발이 눈에 들어온다. 새 신을 신고 기차에 올라타던 아이는 신발 한 짝을 플랫폼에 떨어트리고 만다. 기차를 타려는 사람들에 떠밀려 한쪽 신발이 벗겨진 채 기차에 올라탄 아이는 자신의 한쪽 구두를 아쉽게 쳐다보지만, 기차는 이미 움직이고 있다. 이때, 낡은 신발을 신고 있던 아이는 플랫폼으로 달리기 시작한다.

이집트 출신의 사라 로직 감독은 '마하트마 간디'의 일화에서 영감을 얻어, 이 단편 영화를 만들었다. 이 영화는 2014년 룩소르영화제(Luxor Egyptian and European Film Festival) 단편 부문 은상을 수상했다. 또한 스토리가 주는 감동과 메시지를 인정받아 테드에드(TEDEd.com) 같은 교육용 사이트에서 활용되며 널리 전파되고 있다.

2) 표현 영화치료

 표현 영화치료는 우리가 기존에 영화를 감상하고 이야기했던 방식과 달리 자신이 주체가 되어 영상 매체를 통해 적극적으로 표현하는 방법이다. 셀프 영상, 자전적 다큐스토리 등의 영화를 직접 만들어보는 방식으로, 자신의 감정과 일상을 표현하는 데 주안점을 둔다. 최근 발전하는 디지털 매체의 보급에 힘입어 스마트폰으로 창작활동을 통한 영화 만들기 치료가 널리 행해지고 있다. 예를 들면 누구든지 자신의 휴대폰으로 하루의 일상을 3분 정도 찍거나, 자기 자신을 소개하는 영상을 찍을 수 있다. 그리고 그 영상에 담긴 내용을 상담 과정에서 상담자와 공유할 수 있고, 동아리나 영화를 좋아하는 사람들끼리도 모여서 논할 수 있는 방법이다. 이렇듯 영상을 통해 자신을 탐색하고 이해하고, 변화를 촉진하기에 감상 영화치료보다 적극적이고 강력하다고 할 수 있다. 이 표현 과정을 잘 담고 있는 영화제가 있다.

노라조-멍멍이

 위의 영상은 한 대학생이 '멍멍이'라는 노래 가사에 맞추어 강아지와의 우정 이야기를 뮤직비디오로 만든 것이다. 영상을 만든 대학생은 강아지를 좋아하고 키우고 싶어 하는 마음이 있었지만 현실은 그렇지 못했다. 그는 자신이 꿈꾸었던 현실을 영상으로 만들면서 대리만족과 성취감을 경험했다.

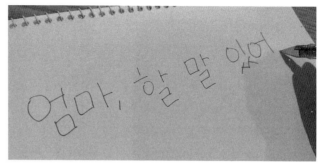

제2회 대한민국 패럴스마트폰영화제(KPSFF 2019)-엄마, 할 말 있어

2018년에 개최한 '패럴스마트폰 영화제'에서는 전문가와 비전문가가 교육으로 소통하고 장애인과 비장애인이 서로 공감하는 영화제다. 참가자가 각자 자신의 삶으로 콘티를 짜고 스마트폰으로 영상을 촬영한 뒤, 편집하면서 세상과 소통하는 방식을 풀어나가고 있다. 이 영화제에서 은상을 수상한 영화 '엄마, 할 말 있어'를 소개한다.

청각장애가 있는 딸은 수화를 배우고 싶어 한다. 하지만 엄마는 딸에게 수화보다는 정확한 발음의 중요성을 더 강조한다. 딸이 친구들에게 수화를 배우고 와서 보여주어도 엄마는 이해해주지 않는다. 그러나 결국 엄마가 딸을 이해하고 같이 수화를 사용한다. '엄마, 할 말 있어' 영상은 주인공뿐만 아니라 촬영, 시나리오, 감독, 장소 섭외 등에 관련된 모두가 청각장애 청소년들이다. 장애인과 비장애인이 서로 있는 그대로를 받아들이고 인정한다면 그 자체로 행복할 수 있다는 것을 보여주는 단편 영화다.

5 영화치료의 과정

영화를 관람하는 과정을 살펴보면 첫 번째 오락적 관람, 두 번째 비평적 관람, 세 번째 치료적 관람으로 나눌 수 있다. 이 세 가지 중에서 영화치료를 위한 과정은 치료적 관람이다.

영화를 보는 관람 형태		
오락적 관람	비평적 관람	치료적 관람

1) 오락적 관람 – 재미, 흥미 위주로 관람하는 형태

오락적 관람은 영화를 보면서 흥미와 재미, 긴장과 같은 정서를 얻는 가장 일반적인 영화 보기 방식이다.

일반적으로 사람들은 영화 자체의 구성 요소인 스토리, 대사, 배우, 음악 등에 초점을 맞추어 관람할 영화를 선택한다. 영화를 보기 전과 후에는 '재미있다', '너무 감동적이다', '영화에 나오는 배우가 멋지다', '이 배우가 나오는 영화는 꼭 본다.' 등의 가치 기준으로 평가를 내린다. 또한 사람들은 감독의 의도에 따른 영화적 요소에 더 집중한다. 일반적으로 우리는 영화를 본 후 영화에 대한 간단한 평이나 소감을 나누지만, 영화 자체에 대한 깊은 관심과 사색을 하지는 않는다.

그렇다고 해서 오락적 관람이 주가 되는 영화가 교육이나 상담에 적합하지 않다고 판단해서는 안 된다. 왜냐하면 지적인 영화, 즉 깊은 수준의 사색을 필요로 하는 영화라고 해서, 자칫 접근하기 어려울 수 있는 난해한 영화를 무작정 치료 영상으로 선정할 경우 내담자들은 이해하지 못하거나 지루함을 느껴 자신을 등장인물과 동일시하기 어렵기 때문이다. 따라서 상담자나 예술치료사는 영화치료에 활용할 영화의 목록을 작성해 본 후, 내담자와 연관된 영화들을 미리 관람해야 한다. 내담자들이 접근하기에 바람직한 영화인지, 눈높이에 맞는 영화 선택인지, 문화적 이질감은 없는지, 다양한 정서를 잘 느낄 수 있는지 등 주의 깊게 살펴보아야 한다.

📽 영화 관람

제목: 극한직업, Extreme Job(2018)

감독: 이병헌

출연: 류승룡(고 반장), 이하늬(장 형사), 진선규(마 형사)

등급: 15세 이상 관람가

줄거리:

불철주야 구르고 달리지만, 해체 위기를 맞는 마약반은 국제 범죄조직의 국내 마약 밀반입 정황을 포착한다. 이에 고 반장은 형사들과 잠복 수사에 나서게 된다.

마약반은 24시간 감시를 위하여 범죄조직의 아파트 앞 치킨 매장을 인수해, 위장 창업을 시작한다.

그런데 뜻밖에 마형사의 숨은 재능으로 치킨매장은 소문난 맛집이 되기 시작하는데….

수사는 뒷전이고 치킨 장사로 눈코 뜰 새 없이 바빠진 마약반에게, 어느 날 절호의 기회가 찾아온다.

2) 비평적 관람 - 평가 위주로 영화보기

비평적 관람은 영화란 무엇인가에 대한 사색과 영화에 대한 미학적 평가가 주된 관심사가 된다. 비평적 관람을 주로 하는 사람은 영화 관련자, 평론가, 영화 전공자 등으로, 일반적인 방식을 통해 영화를 보기 보다는 다양한 관점을 영화에 대입한다. 이들은 앞에서 언급한 일반적 흥미 요소 외에도 미장센, 촬영 기법, 편집, 음향 등으로 더해진 요소에 초점을 맞추어 감상 후 비평이나 논문을 작성한다. 비평적 관람은 영화에 대한 지식이 풍부해야 하고 평소 영화보기에 대한 훈련이 잘 되어있어야 하기 때문에 일반적인 관람과는 조금 차이가 있다고 말할 수 있다.

상담자나 예술치료사는 비평적 관람까지 들어갈 필요는 없다. 그러나 영화가 내포하고 있는 콘텐츠를 풍성히 이해하기 위해서는 어느 정도 전문적인 시각도 필요하다. 때로는 영화 속에서 찾아낸 은유와 상징, 다양한 의미에 대하여 내담자와 심도 깊게 논의할 수도 있다. 내담자의 경우에 따라 풍부한 논의에 대해 흥미를 더욱 느낄 수 있기 때문이다.

제목: 로마, Roma(2018)
감독: 알폰소 쿠아론
출연: 알리차 아파리시오(클레오),
         마리나 데 타비라(소피아)
등급: 15세 이상 관람가
아카데미, 골든 글로브를 휩쓴 거장 알폰소 쿠아론 감독의 신작. 그는 이 자전적 이야기로 75회 베니스국제영화제에서 최고상인 황금사자상을 받았다.

영화에 관하여

"로마는 내가 50년 전쯤에 경험한 사건들에 대한 기억을 담아내려는 시도다.
이는 시대와 반비례하게 역행한 멕시코 사회계층의 현실과 민족적 역사를 탐험한
결과이자 나를 사랑으로 키워준 여성들에 관한 친밀한 초상화이기도 하다."

로마는 알폰소 쿠아론 감독의 기억을 소환시켜 만든 영화다. 쿠아론의 유년기인
1970년 초반, 멕시코시티를 배경으로 하는 이 영화는 그의 자전적 회고록이 아닌
가정부로 일했던 클레오가 주인공이다. 실제로 열 살 무렵 자신의 아버지가 가족
을 떠났던 쿠아론은 유년 시절에 겪었던 아픔, 상처를 극복하며 그 딩시 자신을 돌
봐준 이들의 존재감을 명징하게 깨달았다고 한다. 그럼으로써 상실감이라는 연대
를 통해 서로 감싸 안고 상처를 극복해나가는 존재들을 위로하는 동시에 위로받는
극적인 순간을 연출해냈다.

영화 제목 '로마'는 이탈리아 로마를 뜻하는 것이 아니다. 극중 배경이 되는 지
역인 멕시코의 '콜로니아 로마'이다. 이 영화는 민주화를 열망하는 멕시코 학생들
이 정부군과 맞서 시위하는 모습을 이따금 드러내는데, 혼란스러운 1970년대 멕
시코 사회와 불안정한 한가정의 모습을 있는 그대로 클레오의 시선으로 응시한다.
쿠아론은 12년 전 영화 '칠드런 오브 맨'의 후속작으로 '로마'를 연출하려고 했으나
뜻대로 되지 않았고 '그래비티'를 끝내고 나서야 로마를 찍을 준비를 할 수 있었
다. 자신의 유년 시절 기억을 더듬어 모으고, 클레오 역의 실존 인물인 리보(Libo)
와의 끊임없는 대화를 통해 비로소 이 작품을 완성할 수 있었다. 리보의 기억에 기
대어 세상 밖으로 나온 이 소소한 이야기는 그만큼 진실한 감동을 전해준다.
클레오의 시선을 통해 가정과 사회의 내면을 보여주고 동시에 남성에게 버림받
은 두 여성의 연대, 남겨진 가족들의 유대를 그리는 작품이기도 하다. 이 영화는
클레오에 대한, 클레오에 관한, 클레오를 위한 이야기이다.

오프닝&엔딩

로마는 정사각형 타일 바닥에 물이 흐르고 클레오가 거품을 내어 바닥을 청소하는 신(scene)으로 시작된다. 비누 거품이 고인 물에 하늘이 반사되고 카메라가 한참을 머물며 시작하는 이 신은 영화의 마지막 장면과 맞닿아있다. 첫 장면에서는 비행기가 바닥에 고인 물에 반영되어 보였다면 영화의 마지막 장면에서는 실제 하늘을 날아가는 비행기 모습을 보여주며 세련된 수미상관의 모습을 보여준다.

이 서두와 말미를 장식하는 비행기의 상징적인 의미는 아이가 사산되고 이혼한 가정에서 무엇 하나 행복할 것 없어 보이는 허무한 일상으로 다시 돌아가 묵묵히 가사 노동에 충실했던 클레오의 삶에 경의를 표하는 것이라고 할 수 있다.

클레오는 옥상에서 고되게 빨래를 하던 중, 자신이 돌보는 아이인 페페가 총싸움 놀이를 하자 총을 맞는 연기를 하며 "죽어 있는 것도 괜찮아."라고 말한다. 이는 앞으로 일어날 일에 대한 복선처럼 보이기도 하지만, 감독은 이 장면을 통해 죽음조차도 초연하게 받아들일 준비가 된 클레오의 태도를 보여주고자 했을지도 모른다.

쿠아론 감독의 영화 '칠드런 오브 맨'은 아무도 임신을 못하는 2027년, 기적처럼 혼자 임신한 키와 만삭의 그녀를 바다로 데려가는 테오가 나온다. 이 영화에서 생명은 신성 그 자체라면, '그래비티'에서의 생명력은 허무와 도피로부터 삶과 생명으로 되돌아가는 중력이었다. '로마'에서는 물이 생명의 상징이 된다. 클레오의 뱃속 아기는 살아있는 생명이었지만 양수가 터지면서 사산하게 된다.

'로마'에서의 물은 여러 역할을 한다. 거대한 악마의 형상을 한 불에게서 숲을 보호하는 보호자이고, 생명을 담아주는 양수이며, 울컥 치미는 심란한 내면을 달

래주는 위로자로 오염된 마음을 정결하게 씻어 준다.

이전까지의 클레오는 일상에서의 사건들을 그냥 담담히 수긍하는 것처럼 보인다. 자신의 삶의 터전인 곳이 정부군에 의해 빼앗겼다는 소식을 들어도, 남자친구가 임신한 자신을 외면했어도, 자신을 위로하며 든 잔을 옆 사람이 쳐 내려도 그냥 받아들였다. 그냥 묵묵히 자신의 삶에서 벌어지고 있는 사건들에 대해 무저항으로 일관해왔으나, 클레오는 처음으로 저항한다. 총을 들고 싸우고 짓밟는 폭력적인 방식이 아닌 생명을 구해내는 평화로운 방식으로.

클레오는 바닷물에 들어간 두 아이가 위험에 빠지자 파도가 일렁이는 바다로 과감하게 뛰어든다. 수영을 하지 못해 물을 무서워한 그녀였지만 일말의 고민도 없이 두려움과 맞서며 아이들을 구해낸다.

파도를 헤치고 아이를 구한 뒤 클레오와 모든 가족이 해변에 모여 서로를 부둥켜안는 후반부 신은 로마에서 가장 반짝이는 순간이자 가장 심도 높은 감동을 선사한다. 내내 삼키고 있던 말을 내뱉는 클레오의 대사는 고해성사처럼 들린다.

"저는 원하지 않았어요. 그 애를 원치 않았어요. 아기가 태어나길 원치 않았어요."

원치 않던 아이를 임신하고 사산하며 클레오는 많은 감정을 겪었을 것이다. 당혹스러움, 불안감, 불편함. 사산에 대한 슬픔과 자신도 모르게 찾아오는 안도감, 그로 인한 죄책감까지. 많은 감정들을 쏟아내지 못한 채 쌓아두었던 클레오의 내면을 바닷물이 한껏 휘젓고 간 것이다.

한 가정의 보모로, 한 명의 여자로, 한 사람으로서 살아가는 그녀에게는 늘 작고 큰 파도가 출렁였다. 엔딩 크레딧에서 가장 먼저 등장한 '리보를 위하여'는 상실의 시대를 살아야했던 감독이 유년 시절에 느꼈던 여러 결의 감정과 온갖 슬픔에도 묵묵히 모든 것을 감내하고 함께했던 리보를 생각하는 마음이 고스란히 담겨있었다.
클레오가 리보였듯이, 삶과 죽음의 그 순간에 클레오를 주축으로 기대고 있는 네 명의 아이 중 한 명은 쿠아론 감독의 내면 아이가 안겨 있을 것이다.

* 촬영기법

본 영화의 많은 쇼트가 카메라가 고정된 상태에서 수평으로 이동하는 패닝 쇼트(Panning Shot)로 이루어졌지만 특별히 단 네 번의 쇼트에서는 카메라를 고정시킨 채 수직축을 따라 상하로 피사체를 포착하는 틸트 쇼트(Tilt Shot)를 사용했다. 오프닝 장면에서 바닥의 물을 내려다보다가 앵글을 올려 클레오를 보여주던 장면, 옥상 위 침상에서 아이와 함께 누워 있다가 올려다본 하늘, 페르민의 위협으로 터져버린 클레오의 양수, 마지막 계단을 오르던 클레오의 걸음이다. 네 번의 쇼트는 모두 '클레오'에게 건네는 쇼트다. 한편, 클레오 말고도 네 번의 쇼트에 한 번도 빠짐없이 등장하는 것이 또 있다. 바로, 물이다. 엔딩을 제외한 세 쇼트에서 물은 모두 같은 운동을 한다. 위에서 아래로의 수직운동이다.

롱 테이크(Long take)는 하나의 쇼트를 길게 촬영하는 것을 말한다. 일반적인 상업영화의 쇼트는 10초 내외인 데 비해 1~2분 이상의 쇼트가 편집 없이 진행되는 것을 롱 테이크라고 한다. 많은 영화들이 전개될 이야기와 중심인물을 소개하는 도입부에서 롱 테이크를 사용한다. 카메라가 고정되어 있는가, 움직이는가에 따라 롱 테이크를 나눌 수 있으며 일반적으로는 시간과 공간의 사실성을 증대시키는 효과가 있다. 로마는 첫 신부터 롱 테이크 기법을 사용했다. 클레오의 시선을 따라가다 보면 자연스럽게 어느 공간에 있는지, 어떤 상황인지 표정이나 행동을 보며 유추할 수 있다. 또 인물들이 잠시 스쳐 지나가며 나누는 대화를 들으면서, 인물 간 관계를 파악할 수도 있고 얼핏 사소해 보이지만 나중에 중요해지는 핵심 정보를 얻을 수 있는 여지도 있다. 가족들의 잠자리를 살피고 1층으로 내려와 전깃불을 하나하나 끄는 클레오를 따라가는 로마의 롱 테이크는 360도 패닝 쇼트로, 스위치를 다 내린 후에야 자기 목을 축일 물을 뜨는 클레오의 모습으로 끝난다.

카메라는 시간의 순차에 따라 움직인다. 아이들을 돌보고 집안일을 하는 장면, 화장실을 가는 장면 등 시간의 흐름에 따라 물 흐르듯 흘러가면서 시간과 공간을 담아낸다. 관념적인 면에서 시간의 경과와 흐름에 따라 캐릭터의 삶을 표현하는데 애정을 담은 영화다.

수평, 수직

로마에서 카메라의 움직임은 대부분 좌우로 고개를 돌리듯 패닝하거나 인물을 좇아 수평으로 이동하는 트래킹 쇼트로 이어진다. 단 한 번도 시선이 흔들리지 않는다. 좌우로 이동할 때도 수평 구도에서 벗어나는 일이 없이 매끄럽다. 고개를 들듯이 카메라를 수직으로 들어 올리는 틸트 쇼트가 오프닝 시퀀스를 비롯해 네 차례 등장할 때 역시 마찬가지로 일말의 흔들림 없이 고요한 시선으로 명확하게 바라본다. 그럼으로써 관객을 클레오의 언저리에 있게 한다.

CHAPTER 02

영화치료의 치료적 관람

1 치료적 관람

오락적 관람, 비평적 관람과 달리 치료적 관람이란 치료와 교육과정에서 영화를 어떻게 활용할지에 초점을 두는 형식이다. 일반적으로 등장인물들의 내면심리와 관계, 그들은 벌어진 상황을 어떻게 바라보는지, 또한 상황을 어떻게 해결해 나가는지 등을 살펴본다. 치료적 접근에서는 캐릭터의 성격과 그 성격이 형성된 이유, 이와 연관된 심리학적 구성 개념, 등장인물의 갈등과 관계 등 일반 사람들이라면 무심히 지나치거나 그저 감동만 받고 그칠 영화 속 장면들이 내담자의 마음에 박히는 하나의 보물이 된다.

상담과 영화치료 분야에서 활동하는 사람, 영상 교육 관련 업무를 하는 사람, 교육복지사, 사회복지사, 교사 등에게는 치료적 관람 형식이 바람직한 방법이다. 한 편의 영화만으로 단번에 성과를 낼 수 있는 형식이 아니다. 치료적 관람 방법을 매끄럽게 진행하기까지는 시간과 노력이 필요함을 인식해야한다. 즉, 평소 시간을 들여 영화를 꾸준히 보고, 그 과정에서 중요하게 여겨지거나 의미 있는 부분들은 메모를 하는 등 영화 전문가로서의 기량을 키워야 한다. 상담과 심리학에 대한 지식이 영화와 어우러져 시너지 효과를 낼 수 있도록 직관력과 통찰력을 키우는 것 또한 필요하다.

영화치료는 비평적 관람이 아님을 상기해야 하며, 흥미 위주의 관람과는 다른 여러 요소들을 보아야 한다. 감독의 명성이나 영화의 완성도는 치료용 영화에 대한 절대적 기준이 되지 않는다.

영화를 보는 관람 형태

비교사항 \ 관점	오락적 관람	치료적 관람
초점은 무엇인가	줄거리(Plot)	인물(Person)
왜 관람 하는가	액션(Action)	관계(Relation)
결과물은 무엇인가	흥미(Interest)	통찰(Insight)
중요 관심사는 무엇인가	결과(Result)	과정(Process)
누구를 보는가	배우(Player)	자신(Self)
무엇을 하는가	긴장(Strain)	분석(Analysis)
동일시 방법은 무엇인가	무의식적, 정서적	의식적, 언어화

2 치료적 관람 시 생각해야 하는 요소

(1) 활용 요소

영화를 활용할 대상, 영화치료의 종류, 또 어떤 장면과 대사를 활용할 것인지 대략의 치료 계획을 구상하면서 영화를 관람한다. 그러나 영화의 흐름을 방해하지 않는 수준에서 관람하는 것이 중요하다.

(2) 등장인물 간의 관계

심리 치유 관람에서 가장 중요한 점은 인물 내적, 또는 인물 간의 관계의 변화 과정이다. 이는 내담자의 입장에서도 생각해야 한다. 즉, 내담자가 보기에 영화 초반 등장인물들이 어떻게 보이는지, 등장인물들이 자신의 갈등에 어떻게 반응하는지, 그리고 영화 끝에 가서는 어떻게 달라지는지 관심을 가져야 한다. 각 인물들이

어떻게 관계가 향상되거나 악화되는지, 어떻게 상황을 더 좋게 혹은 나쁘게 만드
는지, 그리고 변화에 어떻게 느끼며 반응하는지 주목해야 한다.

(3) 의식적 동일시

일반 사람도 영화 속 특정 인물에게 어느 정도 동일시한다. 그러나 특히 영화치
료에서 내담자에게 자신이 동일시하는 내용을 말로 표현해보라고 하는 것은, 내담
자의 등장인물에 대한 투사 정도와 그 내용이 긍정적인지 부정적인지 알아낼 수
있는 가장 중요한 방법이다. 이를 위해서는 다음의 질문들이 유용하다.

- 나(내담자)는 어떤 인물과 가장 동일시되었나요?
- 나는 어떤 인물과 가장 다르다고 생각되나요?
- 내가 만약 (   )라면? (뒤의 문장을 연결해보세요.)
- 인간관계에서 유용해 보이는 태도나 행동은 어떤 것이 있나요?
- 등장인물의 갈등 대처방식은 나와 어떻게 다른가요?
- 등장인물에 관한 느낌은 어떤가요? 익숙한 느낌인가요?

(4) 감상 내용의 언어적 표현

보통 영화치료에서는 영화를 보고 난 후의 생각을 언어로 표현한다. 영화치료에
서 영화 관람은 친구와의 수다와는 달리 영화를 통해 불러 일으켜진 자신만의 생
각이나 과거 경험을 이야기한다는 점에서 매우 다르다. 즉 영화 자체에 대한 사실
이나 평가가 아닌, 내담자 자신의 감정이나 생각의 변화에 초점을 맞춘다. 이를 위
해서는 다음의 질문들이 유용하다.

- 나(내담자)의 의견이 가족이나 친구들의 의견과 다른 점이 있나요?
- 다른 사람이나 내 의견에는 새로운 관점이 들어 있었나요?
- 영화 속 등장인물을 통해 본 대인관계가 새로운 방식의 태도와 대화를 담고
  있다면, 그 메시지는 무엇이었나요?
- 자신의 생각이 얼마나 실행 가능한가요?

• 자신의 생각이 수정될 여지가 있나요?

(5) 심리적 통찰

등장인물의 행동과 동기를 이해하면 등장인물에 대한 심리적 통찰이 가능하다. 단순히 영화를 많이 보았다고 해서 심리적인 통찰을 얻을 수 있는 것은 아니다. 이는 심리학적인 기본 지식과 숙련기간이 필요한 단계이다. 치료사나 상담자들은 다른 일반적인 교육자나 사람들과 다르게 영화치료 내에서 논의할 수 있는 새로운 것들을 볼 수 있어야 한다.

🎞 영화 관람

제목: 미라클 벨리에, The Belier Family(2014)
감독: 에릭 라티고
출연: 루안 에머라(폴라 벨리에),
　　　　카린 비아르(지지 벨리에)
등급: 12세 이상 관람가
줄거리:
가족 중 유일하게 듣고 말할 수 있는 폴라는 전학생 가브리엘에게 첫눈에 반하고, 그가 있는 합창부에 가입한다. 그러던 어느 날 학생들 한 명 한 명 노래를 불러보게 하는 과정에서 폴라의 천재적 재능을 발견하게 된 선생님은 파리에 있는 학교에 갈 수 있는 오디션을 제안하고, 폴라에게 가브리엘과의 듀엣 공연의 기회까지 찾아온다.

하지만 들을 수 없는 가족들이 세상과 소통할 수 있는 유일한 연결고리가 자신이었기에 폴라는 자신의 꿈을 향해 나아가야 할지 가족들 곁에 있어야 할지 망설이게 된다. 결국 폴라는 포기하지만, 이후 가족과 함께 오디션을 보려고 떠난다.

영화 속 등장인물들

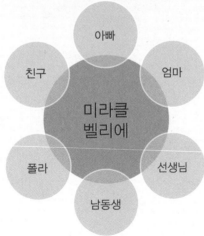

MOVIE Talk? Talk!

1) '가족'하면 가장 먼저 떠오르는 것은 무엇인가요?

2) 영화 속 주인공 '폴라'의 입장이라면 오디션을 보러 갈 수 있나요?

3) 가장 자신과 동일시 되는 인물은 누구이며, 어떤 부분이 가장 기억에 남나요?
[예: 대사, 장면 등…]

4) 최근에 행복했던 순간은 언제인가요?

5) 내가 바라는 가족상에 대해서 말해보세요.

CHAPTER 03

인지·행동적 접근

1 영화치료의 상호작용적 세 가지 접근법

1) 비르기트 볼츠의 '시네마테라피'

비르기트 볼츠(Birgit Wolz)

'영혼을 변화시키는 영화의 마술적인 힘(Emotion Picture Magic: A Movie Lover's Guide to Healing and transformation)'의 저자인 비르기트 볼츠(Birgit Wolz)는 치료과 정에서 얻은 치료사와 내담자의 경험, 그리고 추천 영화를 내담자가 스스로 보면서 접근하는 방법들을 토대로 만들어진 Emotion Picture Magic의 원리를 소개했다.

여기서 핵심은 영화를 통한 치유와 그를 통한 변화이며 그것은 영화가 우리에 게 선물처럼 주는 '마법'이라고 할 수 있다. 바로 그 마법이라는 측면에서 봤을 때 영화 속 인물들에 마치 자신의 스토리처럼 감정 이입하고, 사건 등을 관망하는 관찰자의 역할에 서기도 한다. 그 순간순간 누군가는 꿈을 꾸는 것처럼 느끼고, 누군가는 카타르시스를 경험한다. 이렇게 영화는 심리적 접근에서 보면 '마법'에 빠진 것처럼 상상하게 된다.

　이러한 과정을 돕기 때문에 교육이나 상담 장면에서 활용도가 높은 인지·행동심리학(지시적 접근), 정신분석심리학(연상적 접근), 정서심리학(정화적 접근) 접근법에 대해 세밀하게 알아보고자 한다. 이는 상호작용적 영화치료 접근 방법으로 영화와 심리의 연결고리를 잇는 세 가지 접근 방법이다.

2) 영화치료의 상호작용적 세 가지 접근법 비교

접근법 / 특징	인지·행동적 접근 (지시적 접근)	정신분석적 접근 (연상적 접근)	정서중심적 접근 (정화적 접근)
바탕 이론	인지·행동심리학	정신분석심리학	정서심리학
치료자의 영화 선택	미리 선택	선택 필수 아님	선택 필수 아님
바탕 기법	모델링	자유연상	카타르시스
상담의 구조화 여부	구조화	비구조화	구조화와 비구조화 모두 가능
내담자의 반응	예측 가능	예측 불가능	해당 영화에 따른 정서적 톤 예측 가능
심리기제	관찰학습	투사	동일시
제시되는 영화 분량	짧다(10분 이내)	길이 상관없음	길다(30분 이상)

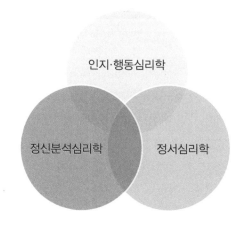

2 인지·행동적 접근의 정의

인지·행동적 접근은 일반적으로 조건화 이론에 근거한 행동수정과 인지적 접근을 하는 인지치료를 통합한 접근법이다. 이 접근법은 행동의 변화가 인지의 변화를 가져올 수 있고 역으로도 영향을 줄 수 있다고 여기며 행동변화를 이끌어내기 위해 다양한 행동주의 기술과 기법을 활용한다. 우리나라에서 영화치료를 수행하는 사람들에게는 인지·행동심리학의 이론을 바탕에 두고 있는 인지·행동적 접근이 지시적 접근(The Prescriptive Way)으로 알려져 있다. 인지·행동적 접근은 영화에 등장하는 영화 속 캐릭터를 자신과 비교하는 인간의 내적 사고 과정과 사건, 환경에 대한 평가 및 신념과 같은 인지적인 측면, 그리고 자극과 반응, 강화와 처벌을 통한 학습으로 행동적 변화를 중시하는 행동주의의 특징을 모두 포함한다. 인지·행동심리학 중 사회학습이론의 형태를 적용한 관찰학습은 다른 사람이나 사물의 모델링을 통해 정상 혹은 비정상적인 행동을 관찰함으로써 자극을 주며 이루는 학습을 말한다. 모델링은 생각과 행동의 가치, 태도 그리고 패턴을 전환하는데 가장 강력한 수단 중 하나로 모방이 기본이 된다. 다양한 측면에서 관찰자의 행동에 영향을 미치는 모델링의 특징은 다음과 같다.

첫째, 새롭게 독특한 행동의 습득을 용이하게 하고, 이전에 습득한 행동을 감소시키거나 증가시킬 수 있다.

둘째, 특별한 행동에 대한 단서를 제공해줌으로써 반응을 용이하게 해주고 다양한 반응 양식을 갖게 한다.

셋째, 관찰학습에서 관찰자는 특수한 반응보다는 자극에 관련이 있다. 따라서, 특수한 음식을 먹는 모델을 관찰하면 관찰자도 다른 음식 대신 그 음식을 먹게 되는 것처럼, 모델링은 관찰자가 환경적인 자극에 민감하게 반응할 수 있도록 한다.

넷째, 만일 관찰학습의 모델이 감정적 반응을 표출하는 것이라면 관찰자들에게 그러한 감정을 불러일으킬 수 있는 각성의 효과(arousal effects)도 제공한다.

관찰학습을 통해 습득된 행동은 모든 상황에서 일어나는 것은 아니며 직접, 간접 그리고 스스로 만든 자신의 동기부여가 필요한 동기화 과정(motivational processes) 등을 거치게 된다.

인지·행동적 접근 관점에서 적용하는 영화는 교육적이면서 구조화된 목적으로 활용한다. 또한 인지·행동적 접근은 상호작용적 접근 방법 세 가지 중에서 가장 이해하기 쉽고 활용도가 높은 접근 방법이다. 이때 상담자는 어떤 대상에게 어떤 영화를 보여줄 것인지, 어떤 교육 과정인지, 어떤 환경인지, 주제나 목표는 무엇인지 등을 파악한 후 목적에 맞는 영화를 선택하여 내담자에게 보도록 한다. 이를 처방적 접근법 또는 지시적 접근법이라고 한다. 교육이나 상담 장면에서 활용할 영화는 교훈적인 이야기로 구성되어 있거나 문제해결을 위한 모델링을 수행 가능하거나, 또는 영화를 통해 성장할 수 있거나, 잠재능력을 개발할 수 있는 것으로 선택한다. 내담자는 등장하는 캐릭터들의 행동을 평가하고 문제해결 방안을 관찰함으로써 자신의 내면을 탐색하고 이해해 자신의 문제해결책을 찾아 극복해나갈 수 있는 힘이 생긴다. 교육이나 상담 장면에서 인지·행동적 접근은 초기(1~3회기)에 사용하는 것이 바람직하다.

3 인지·행동적 접근의 특징

첫째, 가장 이해하기 쉽고 활용도가 높다.

목적 자체가 교육적인 방법에 맞추어져 있기에 가장 이해하기 쉽고, 누구나 관람한다는 자체만으로도 관찰학습이 가능한 영화를 선택하여 활용도가 높다. 그렇기에 아동과 청소년뿐만 아니라 남녀노소 모두에게 적용 가능하다. 기업 연수, 사회복지뿐만 아니라 가해자와 피해자, 다문화 가족, 학교 현장(학교폭력, 자존감 향상, 무기력, 꿈 찾기 등)을 비롯하여 다양한 대상층에게 활용하기 용이하다.

둘째, 영화 관람 그 자체로 정서 강화와 흥미를 유발한다.

영화는 시각, 청각, 그리고 영화적 장치를 통해 이야기를 전달하고 상상력을 자극하는 매력적인 대중매체이다. 영화 관람은 즐거움을 주는 활동이며 보는 그 자체로 흥미, 재미, 놀이의 성격을 가지고 있다. 영화가 가지는 핍진성과 편재성은 강한 흥미를 유발하여 정서를 강화한다. 악기를 연주해야 한다거나, 그림을 그려서 표현을 한다거나, 몸을 움직여 표현을 하는 등 무엇인가 행위를 하면서 표현해야 한다는 선입견을 불러일으킬 수 있는 다른 매체들과는 다르게 부담 없이 교육이나 연수에 참여할 수 있기에 효과적이다.

셋째, 생각의 틀을 확장할 수 있다.

영화를 이해하는 것은 영상기술을 통해 재구성된 현실을 발견하는 것뿐만 아니라 새롭게, 그리고 깊이 있게 볼 수 있는 것이다. 영화를 보면서 때로는 보편적인 생각과 정서를 느끼기도 하고, 자신의 삶을 성찰하기도 한다. 타인의 삶의 방식이나 자신과 전혀 다른 세계관을 가진 인물들을 접하면서 '다름'과 '차이'를 확인하기도 한다. 이러한 영화의 특성은 사람들의 마음을 움직이고 나아가 자신을 보는 방식과 세상을 보는 방식을 변화시키며 생각의 틀을 확장할 수 있다.

넷째, 관찰을 통해 모델링 학습에 효과적이다.

관찰학습은 강화를 받은 자신의 직접 경험에 의하여 학습하기도 하지만, 타인이 강화 받는 행동을 의식적으로 관찰하고 모방하는 대리적 경험(vicarious experience)을 통해서도 학습이 가능하다. 관찰은 유심히 사람들의 행동을 관찰하였다가 행동으로 나타내는 과정을 의미한다. 즉, 사람들은 자신을 표현하는 방법에 있어, 타인들의 모습을 주의를 기울여 관찰하고(주의), 기억하는 과정(저장)을 거친 후, 어떤 특정한 상황에서 그 행동을 결정하는 과정(동기화)을 동작으로 재생하는(운동재생) 네 가지 인지과정을 거치게 된다.

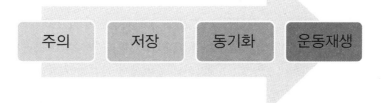

주의　　저장　　동기화　　운동재생

사람들은 영화에 등장하는 인물들의 관찰을 통해 자신을 표현하거나, 모방함으로써 행동으로 옮기기도 한다. 이렇듯 영화를 통한 모델링 학습은 등장인물의 행동을 기준으로 하여 어떤 것을 받아들이고, 받아들이지 않을 것인지 파악하는 과정이다. 가끔 뉴스를 통해 보게 되는 범죄의 경우, '어떻게 그런 행동을 했나요?'라고 범죄자에게 물어볼 때, 영화에 나오는 장면을 그대로 모방했다는 답변을 듣게 된다. 관찰학습은 의식적이든 무의식적이든 내담자의 행동, 태도, 인지 과정에 영향을 끼칠 수 있다. 그러한 영향은 긍정적인 성장과 치유과정의 변화를 가져오기도 하고 부정적인 모방의 형태로 나타나기도 한다.

4 인지·행동적 접근의 치유 요인

1) 모델링: 관찰학습

인지·행동적 접근에서 바라본 심리기제는 관찰학습이다. 이러한 관점에서 선택하는 영화는 알버트 반두라(Albert Bandura)의 사회학습 이론에 근거한 관찰학습 및 대리학습의 도구로 활용된다. 우리가 알고 있는 보보 인형(Bobo doll) 실험은 반두라가 실시한 실험의 집합적 이름으로, 노크했을 때 서서히 일어나는 장난감 보보 인형을 통해 드러난 성인 모델의 행동을 적극적으로 본 어린이의 행동을 연구한 방법이다. 가장 보편적으로 알려진 실험은 보보 인형을 때린 후 보상 혹은 처벌을 받거나, 아무런 결과도 얻지 못하는 성인을 본 어린이의 행동을 측정한 방법이다. 반두라의 연구 초기 단계에서는 인간 학습의 기초와 타인에 관하여, 특히 침략에서 관찰된 행동을 모방하려는 어린이와 성인의 의지를 분석했다. 그는 사회학습 이론에 따른 모델은 새로운 행동을 배우고 제도화된 환경에서 행동 변화를 달성하는 데 중요한 원천임을 알게 되었다.

사회학습 이론은 행동을 제어하는 세 가지 규제 시스템이 있다고 가정한다.

첫째, 선행 유발은 행동의 시간과 반응에 크게 영향을 미친다. 행동 반응 이전에 발생하는 자극은 사회적 맥락과 수행자와의 관계에서 적절해야 한다.

둘째, 응답 피드백 영향은 중요한 기능을 수행한다. 대응 후에, 경험이나 관찰에 의한 증원은 미래의 행동의 발생에 큰 영향을 준다.

셋째, 사회적 학습에서의 인지 기능의 중요성이다. 예를 들어, 공격적인 행동이 일어나기 위해서는 적대적인 조우를 당한 개인의 시력이나 생각에 쉽게 화를 내는 사람들이 있으며, 이 기억은 학습 과정을 통해 습득된다.

보보인형(bobo doll)

반두라(Bandura: 1925~)

알버트 반두라(Albert Bandura)의 보보 인형 실험

즉, 반두라는 사회 학습 이론을 들어, 사람들이 관찰, 모방 및 모델링을 통해 배우는 것이라고 주장하였고, 이는 사람들이 보상이나 처벌(행동주의)을 통해 배우는 것뿐만 아니라 다른 사람이 받는 보상이나 처벌을 관찰하는 것에서도 배울 수 있음을 보여준다(관찰학습). 이 실험은 폭력적인 매체를 보면서 아이들이 어떻게 영향을 받을 수 있는지와 같은 실질적인 함의를 가지고 있다.

또한, 영화에서는 영화를 보는 사람이나 내담자로 하여금 스크린 속 인물에 대한 행동을 관찰하면서 모델링할 수 있음을 보여준다. 이때 모델링의 경우, 영화 속에 등장하는 인물이 어려움이나 갈등을 겪어나가는 과정을 통해 문제를 해결해가며 교훈을 주는 좋은 모델(good model)일 수도 있고, 잘못된 방식의 표본이 될 수 있는 나쁜 모델(bad model)일 수도 있다. 영화는 관찰 학습 및 대리학습의 강력한 도구이지 꼭 좋은 모델링의 효과만 전제하지는 않는다.

2) 객관적: 심리적 거리 두기

우리는 영화를 볼 때, 영화를 보고 있다는 인식을 하지 못할 정도로 영화와의 거리가 가까우면 의식이 주관화되어 자신을 잃어버리고 영화 속으로 몰입해버린다. 반면 그 거리가 너무 멀면 의식이 객관화되어서 영화를 잘 음미하지 못하고 어려워하거나, 관념적으로 대하게 된다. 그래서 미적 거리에 대한 문제가 나타날 수 있다. 비르기트 볼츠(Birgit Wolz)는 개인적 치유와 변화를 위해서는 영화와 거리두기를 통해 의식적으로 영화를 보아야 한다고 제안했다. 의식적 자각 하에서 영화보기는 너무 몰입하는 것이 아니라 '내가 지금 영화를 보고 있구나'하고 알아차리는 '주의집중'이라고 하였다. 의식적 자각 하에서 영화보기는 '마음 챙김'명상과 유사하다고 볼 수 있다. 영화치료에서 심리적 거리두기는 상담에서의 입장에서 보면 관찰자의 입장이다. 내담자의 위치가 아닌 제 3자의 입장에서 바라보라는 뜻이다. 스크린과 사람의 거리만큼, 스크린 속 영화의 현실과 영화를 보고 있는 내담자의 현실 사이에는 안전한 거리가 생기게 된다. 이러한 거리는 영화 속에 너무 빠져들어 이야기에 몰입하거나 캐릭터에 동일시하지 않도록 해주는 것이다.

에드워드 벌로우(Edward Bullough)는 미적 거리가 잘 조절된 관조적인 상태에서 미적 쾌감을 느낄 수 있다고 주장했다. 벌로우는 심리적 거리(Psychical distance)라는 용어를 썼는데 그것은 미적 관조와 전망이 일반적으로 객관적이어야 한다는 의미다. 객관적이라는 것은 주체가 대상으로부터 분리(detachment)되어야만 종교, 도덕, 정치, 사상 등 외적 영향을 받지 않은 상태에서 예술의 가치와 의미를 느낄 수 있다는 뜻이다. 따라서 영화에 몰입하지도, 영화에서 벗어나지도 않은 상태에서 최적의 미적 거리가 결정된다.

이에 대하여 도종환 시인은 다음과 같이 언급했다. "감정을 객관화하는 과정을 거치지 못한 채 과잉 노출하는 시를 거리 조정이 부족한(Under distancing)시라 하고, 심리적 거리가 너무 멀리 설정되어 감정이 지나치게 억제되거나 관념적인 모습을 보이는 시를 거리 조정이 지나친(Over distancing)시라 한다." 또한 시란, "감정에 호소하는 관념을 보다 잘 표현하기 위한 이야기 방식"이라고 하버트 스펜서는 말하였다.

인간이 가장 행복감을 느끼는 조건은 호기심이다. 사람은 자신이 흥미를 느끼는 일에 몰입을 하고 있을 때 행복감을 느끼게 된다. 따라서, 현실이 우울한 상황이거나 일이 뜻대로 되지 않을 때 영화를 보고 나면 기분이 좋아지거나 우울한 마음이 사라지게 되는 경험을 하곤 한다. 호기심은 뇌에 긍정적인 자극을 준다. 인체의 생체 건기를 발생시켜 뇌에 흐르는 산소량을 높이고 행복, 의욕을 갖게 하는 도파민과 수면, 기억력, 식욕, 기분 조절, 학습에 영향을 미치는 세로토닌 같은 신경전달물질이 분비되도록 하는 것이다. 영화를 보면서 우리는 그러한 상황을 마주하게 된다.

긍정심리학(肯定心理學, Positive Psychology)의 대가 마틴 셀리그만(Martin Seligman) 박사가 '헤어날 수 없는 스트레스 상황이 지속되면 우울증이 생긴다.'라고 했듯이 힘든 상황을 반복적으로 겪게 되면 피할 수 있는 상황이 되어도 극복하려는 시도조차 하지 않는 무력감을 학습하게 된다. 이 때 영화는 '나'와 '내가 아닌 것'을 구분할 수 있는 '자기 객관화'를 알아차리게 해 준다. 영화를 통해 알게 된 안전한 심리적 거리를 두고 다른 사람의 행동이나 생각을 관찰할 수 있으며, 안전한 거리에서 주는 세상에서 다양한 경험을 할 수 있게 된다. 그로 인해 조금 더 객관적으로 자신이 무엇을 원하는지, 어떻게 행동하는 것이 바람직한지를 깨닫게 된다. 그 거리를 자연스럽게 호기심으로 바라볼 수 있는 것이 영화이다.

Check? Check!

첫째, 내담자의 주 호소가 무엇인지 파악한 뒤, 영화 안에서 관찰하고 모델링을 통해 체험적 접근이 가능한 지 파악한다.

둘째, 영화를 보는 대상의 연령층, 환경, 사회경제적 배경, 대인관계 등을 고려해서 편안하고 쉽게 접근 가능한 영화를 선택한다.

셋째, 영화를 보고 난 후에 이루어질 내담자의 반응이 어느 정도 예측 가능한 영화를 선택한다.

넷째, 편집된 영화장면을 보고 쉽게 이해되어야 한다. 은유, 영화의 기술적인 면 등은 피한다.

다섯째, 역할 모델이 가능한 영화를 선택한다. 역할 모델이 꼭 긍정적인 모델일 필요는 없으며 부정적이어도 괜찮다.

여섯째, 꿈, 비전, 자존감향상, 문제해결방법 등 구체적인 제시안이 있으면 더욱 좋다.

일곱째, 인지·행동적 접근에서 선택하는 것들은 실화를 바탕으로 한 영화, 뉴스, 다큐멘터리로 교훈이 담긴 것들이 바람직하다.

제목: 프리 라이터스 다이어리

　　　　 Freedom Writers(2007)

제작: 미국, 170분

감독: 리처드 라그라브네스

출연: 힐러리 스웽크(에린 그루웰)

내용: 미래에 대한 꿈을 잃어버린 청소년들이 있는 캘리포니아주의 윌슨고등학교에 에 린 그루웰 국어선생님이 오게 된다.

이 학교에 다니는 학생들은 보호 관찰 대상이거나 마약 중독 치료를 받고 있거나, 전학 조치를 당한 학생 등으로 수업을 진행하기 불가능할 정도의 학생들이 대부분이다.

그녀는 차별, 절망, 소외, 패배를 숙명처럼 받아들이는 학생들에게 교과서를 접고 관용, 글쓰기와 일기쓰기를 가르치며 학생들의 마음을 움직인다.

이 과정을 거치며 학생들 스스로가 자가 치유되는 기적 같은 변화를 담은 성장 실화, 책 '프리덤 라이터스 다이어리(절망을 이기는 용기를 가르쳐준 감동과 기적의 글쓰기 수 업)'가 힐러리 스웽크 주연의 본 영화로 만들어졌다.

Check? Check!

제목: 프리 라이터스 다이어리(Freedom Writers)

영화 장면 중 선생님이 교실 바닥에 빨간색 테이프를 붙이는 장면(4분 정도)이 있다. 이 장면은 인지·행동적 접근을 잘 보여주는 장면이다. 현장에서 언어적으로 설명하지 않아도 영화를 관람하는(관찰) 과정을 통해 영화를 본 후 치료자가 영화에서 선생님이 했던 같은 방법으로 질문을 하면(모델링) 학습효과가 크다. 아래의 목록은 질문의 특징과 유의사항이다.

- 인원이 적으면 하지 않는 것이 바람직하다.
- 단회기에는 부절적한 실습이다.
- 대상층에 따라 질문이 달라져야 한다.
- 질문은 재미있고 흥미로운 것부터 시작하는 것이 바람직하다.
- 추후 프로그램 진행에 대한 파악에 도움이 된다.
- 비밀보장에 대한 내용을 꼭 언급해줘야 한다.
- 과거, 현재, 미래에 대한 질문을 다양하게 할 수 있다.
- 모든 질문에 답을 요할 필요는 없다.

제목: 소울 서퍼, Soul Surfer(2011)

제작: 미국, 106분

감독: 숀 맥나마리

출연: 안나소피아 롭(베서니 해밀턴), 헬렌 헌트(쉐리 해밀턴) 등

내용: 실화를 바탕으로 한 영화이다.

하와이 카우아이에서 태어난 베서니는 어린 시절부터 바다에서 자라며 서핑과 함께 성장해 나간다. 베서니에게 서핑은 친구이자, 꿈이었다. 13살이 되던 해, 하와이 주 결선 서핑대회에 출전한 베서니는 1위로 예선을 통과하게 된다.

그러나, 친한 친구인 알리사 가족과 함께 서핑을 나갔다가 한쪽 팔을 잃는 사고를 당한다. 살아있다는 것이 기적이라고 할 만큼 구사일생으로 살아남은 베서니는 시련과 좌절을 거듭하다가 태국의 쓰나미 현장의 봉사활동에 참여한다. 그리고 다시 한 번 힘을 얻어 서핑을 시작하게 된다.

사랑은 파도보다 위대하고, 두려움보다 강하다.

- 내가 만약 베서니라면 상어에게 물린 후, 서핑을 할 수 있을까요?

- 베서니는 다시는 서핑을 하지 못할까 봐 두렵다고 합니다. 살아가면서 두려운 것이 있다면 무엇이 두렵다고 느껴지나요? 그 두려움은 언제부터 시작되었나요?

- 베서니는 친한 친구가 있습니다. 당신에게도 마음을 나눌 수 있는 친구가 있나요?

- 만약, 도전을 한다면 무엇에 도전하고 싶나요?

추천 영화

제목: 원더, Wonder(2017)
감독: 스티븐 크보스키
출연: 제이콥 트렘블레이, 줄리아 로버츠

"넌 못생기지 않았어, 네게 관심 있는 사람은 알게
될 거야."
헬멧 속에 숨었던 아이 '어기', 세상 밖으로 나오다!
가족이 세상의 전부였던 '어기'는 처음으로 헬멧
을 벗고 낯선 세상에 용감하게 첫발을 내딛지만
첫날부터 '남다른 외모'로 화제의 주인공이 되고,
사람들의 시선에 큰 상처를 받는다.
'어기'는 여러 차례 수술을 견뎌낸 긍정적인 성격
으로 다시 한 번 용기를 내고, 주변 사람들도 하나둘 변하기 시작하게 된다.

제목: 그린북, Green Book(2018)
감독: 피터 패럴리
출연: 비고 모텐슨, 마허샬라 알리

그린북은 인간의 우정에 대한 영화다.
한 명은 교양과 우아함 그 자체인 천재 피아니스
트로 고상한 말투와 친절, 몸에 배인 매너가 돋보
인다. 또 한 명은 허풍과 주먹이 전부인 운전사로,
다혈질에 솔직하고 직설적인 남자다.
닮은 점이라곤 없지만 두 사람은 8주간의 미국
남부 콘서트 투어를 거치며 다른 성격, 취향을 뛰
어넘어 특별한 우정을 쌓아가기 시작한다.

🎞 추천 영화

제목: 코코, Coco(2017)
감독: 리 언크리치
출연: 안소니 곤잘레스, 가엘 가르시아 베르날

미구엘의 집안은 고조할아버지가 음악을 위해 가족을 떠나면서부터 음악을 금지해버리게 된다.
하지만 미구엘은 자신이 제일 좋아하는 가수인 델라 크루즈를 통해 영감을 얻으며 음악을 하려는 열정을 품는다. 그리고 자신과 델라 크루즈 사이에 있던 연결고리를 발견한 직후, 델라 크루즈를 모방하려다가 우연히 죽은 자의 땅에 들어간다.

제목: 행복을 찾아서,
　　　　The Pursuit of Happyness(2006)
감독: 가브리엘 무치노
출연: 윌 스미스, 제이든 스미스

실화를 바탕으로 만든 영화다.
의료기기를 판매하는 세일즈맨 크리스 가드너는 의료기기를 팔기 위해 매일 최선을 다하지만 일은 마음대로 되지 않는다. 결국 아내는 집을 떠나고, 집세가 밀려 쫓겨나야 하는 상황까지 몰린다.
어느 날, 주식중개인이 되고자 하는 꿈을 품고 있던 가드너에게 꿈을 향한 도전을 할 수 있는 기회가 다가온다. 이에 가드너는 선택을 해야 하나 말아야하나 고민에 휩싸인다.

CHAPTER **04**

정신분석적 접근

1 정신분석적 접근의 정의

상호작용적 접근 방법 중 두 번째인 정신분석적 접근에서의 영화 관람은 인지·행동적 접근처럼 '상담자가 내담자에게 영화를 보여주면 이런 반응이 나올 것이다.'라고 예측하기 어렵다. 정신분석적 접근은 영화를 보면서 대사, 이미지, 음악 등을 통해 자유 연상되는 어린 시절의 기억이나 타인과의 관계에서 일어나는 감정을 적극적으로 상담 장면에 활용하여 치료와 성장을 자극하는 방법이다.

정신분석심리학의 이론을 바탕에 두고 있는 정신분석적 접근은 영화치료를 수행하는 사람들에게 연상적 접근(the evocative way)으로 알려져 있다. evocative는 '환기시키는', '생각나게 하는', '불러일으키는', '떠올리게 하는', '연상시키다'라는 의미가 있다. 이러한 영화보기는 마치 꿈을 꾸는 것처럼 이루어지며 꿈과 영상은 일맥상통한다고 할 수 있다. 우리가 삶을 살아갈 때, 무의식에 기반을 둔 꿈에서 자신의 내면을 이해하고 스스로가 통찰력을 얻을 수 있는 것처럼, 영화에서 느끼는 감정적인 반응도 우리가 공감하고 무의식과 연합했을 때에 영화에서 느꼈던 것들을 새롭게 재인식 할 수 있다. 즉, 정신분석적 접근에서 영화는 꿈을 이해하고 해석하듯 만든 '공동의 꿈' 작업으로 볼 수 있다. 우리는 꿈을 통해 소망을 충족할 수 있고, 내적 충만함에 도달할 수 있다. 또한 꿈은 창조적 영감의 도구 역할을 해왔다는 역사적 기록들이 존재한다. 그 기록들은 꿈이 은유와 상징으로 구성된 보편적 언어를 사용하고 있다는 것을 보여준다.

데인저러스 메소드, A Dangerous Method(2011)

　　정신분석이란 1896년, 본래 신경과 의사였던 프로이트가 신체적 손상이 없음에
도 불구하고 신체 일부의 마비 증상을 나타내는 히스테리 내담자들을 치료하면서
명명한 용어이다. 프로이트는 처음 최면술을 통해 내담자를 치료했지만 적절치 않
다고 보고 자유 연상법으로 방향을 전환하였다. 내담자 자신도 알지 못하는 무의
식 세계가 존재하며 그 속에서 일어나는 심리적 활동이 증상의 원인이라고 보았기
때문이다. 정신분석은 무의식의 발견에 기초하여 인간을 비합리적이고 비관적인
결정론적 존재로 본다. 내담자가 떠오르는 대로 생각을 말하도록 유도함으로써 자
유연상과 꿈 분석을 통해 무의식 속에 억압되어있는 감정을 의식계로 방출하여 치
료할 수 있다고 본 것이다. 출생에서부터 만 5세 사이를 중요시하며, 이러한 어린
시절에 경험했던 심리 성적인 사건들이 무의식 속에 잠재됨으로써 결정되는 존재
가 사람이라고 본다.

　　정신분석은 초기에는 '의학'으로 해결되지 않는 '병리 증상'의 심리적 원인에 대
한 분석과 치료에 초점이 맞춰져 있었다면 후기에는 인간의 사유, 정서, 행동을 일
으키는 모든 정신작용들과 정신내용들에 대한 과학적 인식활동을 다루고 있다. 정
신분석은 인간의 내면을 분석하고 조망하는 모든 역할을 포괄하는 개념이라고 할
수 있다.

1) 정신분석의 주요 개념

(1) 내 마음에는 각각의 방이 있다: 의식, 전의식, 무의식

지금 당장 필요한 자료는 '의식'에

당장 불필요한 자료는 '전의식'에

의식 내용과 심하게 충돌하는 자료는 '무의식'에 이동.

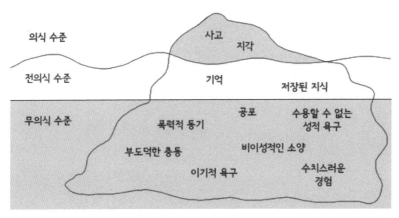

마음의 지형학적 모델

❖ 의식, conscious

의식은 생각, 이념, 과거, 무엇이든 인간이 의식하고 있는 모든 것 즉, 자아를 통해서 연상되는 정신적인 내용이다. 나의 정신에 의식된 부분은 외부 세계에 관한 지각의 산물로 내가 경험하고 기억하여 형성된 모든 것으로, 내가 생각하고 알고 있는 세계 등 자아를 통해 인지하는 내용이다. '나'는 이러한 의식의 중심에 위치하지만, 대부분의 인식 내용들은 일정한 기간이 지나면 전의식이나 무의식의 영역으로 사라진다. 의식을 작은 섬에 비유한다면, 무의식은 바다와 같다.

❖ 전의식, pre-conscious

무의식과 의식을 연결해주는 일종의 교량 역할을 한다. 그래서 전의식을 '이용 가능한 기억'이라고 부르기도 한다.

❖ 무의식, unconscious

자아가 알아차리지 못하는 정신세계를 무의식이라 부르며, 그 영역은 대단히 방대하다. 프로이트는 인간의 행동이나 정신적 과정이 무의식에서 기원한다고 주장한다. 무의식은 자아가 가지고 있지만 아직 모르고 있는 정신세계로 언젠가 의식했지만 이제는 망각된 것, 나의 감각에 의해 인지되었지만 의식이 유념하지 않은 것, 내 안에 준비되어 있어 나중에야 비로소 의식에 나타나게 될 미래의 것이 모두 무의식의 내용이다. 프로이트는 무의식의 여섯 가지 특성을 다음과 같이 제시한다.

- 시간관념 없음(timelessness): 어린 시절의 사건을 마치 '지금 − 여기'에서 일어나는 사건으로 착각
- 현실무시(disregard of reality): 현실상황은 무시, 집요하게 욕구 충족만을 요구
- 심리적 현실(psychic reality): 실제사건에 대한 기억과 심리적인 상상 경험이 혼재
- 모순 없음(absence of contradiction): 논리적인 생각과 판단 능력이 없음
- 부정이나 반대개념 없음(absence of negation): 합리적인 사고 체계가 없음
- 실체로서의 말(words as things): 언어가 없고 이미지를 언어로 사용

(2) 내 마음에는 세 사람이 살고 있다: 이드, 에고, 슈퍼에고

욕구만 주장하는 이드,

금지된 것들을 막아서고 이상을 추구하는 슈퍼에고,

타협하고 중재하는 에고.

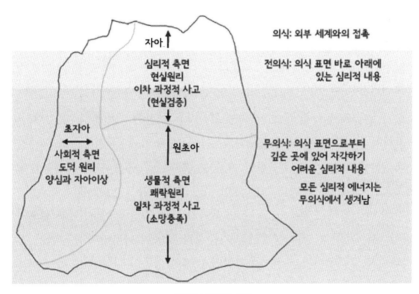

성격의 삼원구조 모델

❖ 원초아, id

성격의 가장 원시적인 부분. 정신적 에너지가 저장되어 있는 곳으로 본능의 지배를 받는다. 원초아는 현실적 여건을 고려하지 않고 즉각적으로 욕구를 충족시키려는 쾌락의 원리(pleasure principle)에 지배를 받는다. 즉 먹고, 자고, 사랑하는 것처럼 삶을 영위하는 데 필요한 생물학적 충동이 깃들어 있는 곳이다. 그래서 이드는 논리적이기보다는 자기중심적이고 비현실적인 원시적 사고과정을 나타내는데, 초기의 기초적인 심리적 과정이라는 의미에서 이를 일차 과정(primary process)이라고 부른다.

❖ 자아, ego

자아는 환경에 대한 현실적인 적응을 담당하는 심리적 구조와 기능을 의미한다. 사회적 현실을 고려하면서 본능을 통제하고 합리적으로 행동하는데, 이것은 자아가 현실 원리(reality principle)에 따라 작동하기 때문이다. 자아는 끊임없이 움직이면서 이드와 초자아 사이의 힘을 중재한다. '이드'라는 자동차의 속도와 방향을 통제하는 운전자라고 할 수 있다. 자아는 현실적이고 합리적이며 이성적인 사고과정을 나타내는데, 이를 2차 과정(secondary process)이라고 부른다.

❖ 초자아, super ego

자아가 현실에 원리를 두고 있다면 초자아는 이상에 기반을 두고 있다. 부모는 어린자녀를 양육하면서 사회의 도덕과 윤리규범에 따라 무엇이 옳고 그른지 판단하는데 관여하며 이상을 추구한다. 아동은 초자아를 통해 자신의 행동을 스스로 통제함으로써 부모의 처벌과 그에 대한 불안을 회피할 수 있게 된다.

인간의 마음에서는 원초아, 자아, 초자아가 서로 경합을 한다. 이때 원초자의 힘이 강할 때는 충동적, 비이성적인 자기중심적 행동이 나타나며 초자아가 강할 때는 지나치게 도덕적이거나 완벽주의적인 완고한 행동이 나타날 수 있다. 프로이트는 건강하고 성숙한 사람은 환경의 여건을 고려하여 현실의 요구를 균형적으로 잘 조화시키는 사람이라고 하였다.

2) 무의식과 불안

인간의 정신세계가 의식과 무의식으로 나뉘는 것은 억압(repression) 때문이다. 무의식의 내용들은 죄책감, 열등감, 상처받은 경험들, 성적욕구, 공격욕구 등의 수치심을 유발하는 것들로, 의식에서는 감당하기 어렵다. 이러한 것들이 의식에 올라오면 심한 불안을 일으키기 때문에 의식으로 나오지 못하도록 자아가 억압한다. 억압된 내용들이 더 많아질 경우 결국 이드는 비대해지고 자아가 차지하는 영역이 줄어든다.

한편 이 억압된 내용들은 기회만 주어지면 호시탐탐 의식으로 뛰쳐나오려고 한다. 이것들을 억압하기 위해서는 많은 정신에너지를 소모하게 된다. 프로이트는 인간의 정신에너지는 한정된 양으로 보았는데 이렇게 많은 정신에너지를 소비하게 되면 결과적으로 현실에서 사용할 에너지가 상대적으로 줄어든다고 보았다.

결국 무의식에 억압된 내용들은 자아의 영역이 줄고, 사용할 에너지가 적어지는 순간, 즉 자아가 약화되었을 때 '증상'이라는 형태로 의식세계에 출현하게 된다.

3) 방어기제

프로이트는 정신분석 하나만으로 완전한 세계상을 제공할 수 없다고 하면서 인문, 사회, 과학들과 결합될 경우에 정신분석의 가치가 훨씬 드러날 것이라고 했다. 정신분석 공부를 위해서는 '자신의 무의식'에 대한 '자기 분석'과 '정서적 인식'이 필요한데 이러한 방법에는 여러 가지(학문, 명상, 운동, 예술 등)가 있을 수 있다. 그 중 영화만큼 효과성이 뛰어난 것도 없다.

'방어 기제'란

스트레스, 불안의 위협, 상처로부터 자아를 보호하기 위해 무의식적으로 사용하는 사고 및 행동 수단이다. 프로이트(Freud)는 인간의 원초적인 욕구 '원초아'가 강해지면 사람은 불안감을 느끼게 되고, 이때 불안감으로부터 벗어나기 위한 행동이 방어기제로 발휘된다고 정의했다. 프로이트의 딸 안나 프로이트가 방어기제에 대해 깊이 연구하였으며 이 방어기제에는 투사, 퇴행, 억압, 반동형성, 합리화 등 여러 기제가 있다.

❖ 동일시, Identification

동일시는 한 가지 또는 몇 가지 측면에서 다른 사람의 특징을 자신의 것으로 여기는 무의식적인 정신과정이다. 또한, 타인과의 관계에서 타인의 반응 경향을 그대로 받아들이는 경우로, 영화 속 인물을 마치 자신이나 가족으로 여기고 반응을 보이거나 상담 시 내담자가 상담자를 어버이처럼 보는 것과 같은 경우이다. 개인의 적응적 반응 유형과 방어적 반응 유형은 사랑하고 존경하는 사람이나 두려워하고 미워하는 사람과의 동일시를 통해서 형성될 수 있다.

❖ 투사, Projection

받아들일 수 없는 충동이나 생각을 외부 세계로 옮겨놓는 정신 과정이다. 투사는 방어적 과정으로서, 개인 자신의 흥미와 욕망들이 다른 사람에게 속한 것처럼 지각되거나 자신의 심리적 경험이 실제 현실인 것처럼 지각되는 현상을 말한다.

'인생과 자연을 바라보는 인디언의 지혜'라는 책에서는 '네가 어떤 사람을 만났는데 그 사람이 마음에 들지 않으면, 네 자신의 모습을 보는 것이라고 생각해야한다. 네가 싫어하는 것이 실은 네 자신의 일부이다.'라고 말하였다.

'모든 타인은 나를 비추는 거울이다.'라는 말처럼 타인에 대해 어떤 생각을 하고, 어떤 말을 하든지 그것은 자신의 내면에 있는 요소들이 거울처럼 되비추는 현상일 뿐이다. 내면에 억압된 부정적 측면이 많은 사람은 타인의 부정적인 면을 보게 되고 그만큼 타인들에게 부정적인 감정을 갖게 된다. 즉, 투사란 자신의 무의식적이거나 바람직하지 않은 특성이 타인에게로 향하는 방어기제로서, 실제로는 내가 그를 싫어하는데 오히려 그가 나를 싫어한다고 여기는 경우를 투사라고 한다. 따라서 영화 속의 어떤 등장인물이나 행동이 마음이 들지 않거나 싫다면 자신의 그림자 자아일 수 있다.

❖ 합리화, Rationalization

현실을 왜곡하여 자존심을 보호하는 행동 기제로서 현실적으로나 사회적으로 용납되지 않는 동기를 용납되는 동기로 바꾸는 것이다. 그리고 빈약한 성과나 실패와 같이 불쾌한 상황을 그럴듯한 이유로 정당화함으로써 불안을 회피하는 것이다.

예) '신 포도 반응'이라고도 한다. 이것은 라 퐁텐의 유명한 이솝 우화에서 비롯되었다. 여우가 포도를 먹고 싶어 하지만 키가 작아 딸 수 없기에 그저 먹을 수 없는 포도를 보면서 "저 포도는 아직 익지 않아서 신 맛을 낼 것이기 때문에 안 먹어."라고 말하는 '여우와 신포도' 이야기에 해당된다.

❖ 승화, Sublimation

승화는 다른 방어기제와는 달리 욕구를 비난하거나 반대하지 않으며 억압하지 않고 발산하도록 허용한다. 다만 도덕적으로 어긋나지 않는 방법으로 충족시킨다. 마음은 승화를 통해 욕구충족의 길을 찾고 충동에너지는 그대로 사회적으로 쓸모 있게 전용된다. 마치 홍수를 막아서 댐을 만들고 수력발전으로 이용하는 것과 같다.

방어기제는 불안을 회피하기 위한 자아의 무의식적인 기능으로서 그 성숙도에 따라 다양하게 분류된다.

2 정신분석적 접근의 특징

첫째, 영화를 감상하면서 자신의 무의식과 접촉할 수 있다.

프로이트 이래 우리의 정신구조는 의식과 무의식이 존재한다는 것에 대해 합의하고 있다. 물론 무의식의 존재를 인정하지 않는 학자들도 많다. 하지만 현대에는 뇌인지 신경학자들도 프로이트가 의미하는 무의식과는 내용이 조금 다르지만 의식이 지배할 수 없는 어떤 것을 '비의식'이라고 명명하고 있다.

정신분석학에서 무의식은 아주 중요하다. 무의식이란 영역은 정지되어있던 것들, 이미 알고 있던 규칙들을 자연스럽게 움직이게 만들고 단번에 모두 무너뜨려버리거나 고정된 의미를 변형시켜버린다. 무의식은 '전치(displacement)와 함축(condensation)'이라는 체계를 사용하여 어린 시절의 기억과 무의식적 욕망을 변형시키고 치환하기 때문이다. 이렇기 때문에 무의식은 실제로 원하거나 추구하는 내용을 담고 있다 하더라도 그 내용이 정확하게 파악되기 매우 힘들다. 하지만 무의식은 내담자가 의식적으로 깨닫지 못하는 자신의 일부이므로 우리는 그것을 다른 말로 바꾸어 '가능성'이라 부를 수 있다. 이러한 무의식은 우리의 일상생활에서 말실수, 농담으로 확장되어 나타나기도 하고, 더불어 그 확장의 세계를 넓힌 분야 중 하나는 영화라고 할 수 있다.

아주 오래 전에 본 영화라 하더라도 선명하게 기억에 남았다면 강렬한 경험을 통해 무의식에서 의식의 세계로 불쑥 나오기도 한다. 그 과정에서 영화 매체를 내담자가 캐릭터에 대해 어떻게 인지하고 자각하는지에 따라 자기 발견의 과정으로 활용하게 된다. 이 때 활용되는 영화는 인지·행동적 접근법에서와는 다르게 반응을 예상하거나 추측하기 어렵다. 내담자가 영화를 관람하면서 어느 때 무의식이 건드려졌는지, 무엇이 연상되었는지, 억압된 감정 덩어리들이 표피 밖으로 도출이 되었는지 등을 알기가 어렵다.

영화를 감상하는 것만으로도 우리는 무의식에 잠재되어있는 자신의 그 무엇들과 접촉할 수 있어 자신의 내면 탐색이나 심리적 건강 증진에 도움이 된다. 교육이나 상담 장면에서는 상담초기에 활용하기보다는 중기(4~6회기)에 사용하는 것이 더욱 바람직하다.

둘째, 무의식에 감추어진 경험과 기억을 스스로 떠올릴 수 있다.

우리는 무의식을 외면한 채 의식이 모든 것을 통제할 수 있다고 믿고 싶겠지만, 억압된 무의식은 꿈, 환상, 말실수에서 불쑥 나타난다. 자신의 통제를 벗어난 어떤 일이 벌어지거나, 생각하지 못한 일에 직면하게 되는 순간에 쾌재를 부를 사람은 거의 없다. 또 간밤에 꿈을 꾸고 나서 괴상한 꿈 내용으로 얼굴이 화끈거리고 마음이 불편해 졌던 일도 있을 것이다.

프로이트는 꿈을 무의식으로 통하는 문이라고 생각했다. 일단 정신에 각인되었거나 억압된 것은 사소한 인상일지라도 언제든지 꿈에서 되살아 날 수 있는 흔적을 남긴다. 의식의 언어로는 꿈에서 드러난 흔적의 무의식적 의미를 알 수 없다. 우리는 영화를 통해서도 그 흔적과 비슷한 자극을 받게 된다.

현실에서 격리되거나 고립되었던 것들을 영화를 보면서 자연스럽게 해제하기도 하고, 등장인물의 성격적 특성, 영화에 나오는 대화나 음악과 풍경, 배우의 모습 등에서 느낄 수 있다. 무의식 속에 억압된 과거의 기억들은 영화 한 편 전체를 보면서 느끼기보다는 이처럼 다양한 방법을 통해서 나타난다.

셋째, 억압된 방어기제를 해체시켜 안전한 공간으로 퇴행하도록 돕는다.

자유연상은 무의식의 덩어리이다. 영화를 보면서 지금 이 순간 타인의 시선은 아랑곳하지 않고 우연히 연상되는 생각, 느낌, 이미지들을 자유롭게 말로 표현하거나 그림으로써 스스로 잊혀있거나 억압되어있던 경험과 기억에 도달할 수 있다.

정신분석적 접근은 내담자가 영화를 보면서 과거의 기억으로 타임머신을 타듯 들어갈 때 안전하게 '퇴행'하도록 도와주는 역할을 한다. 이때 행해지는 퇴행은 방어기제의 하나로, 공간적으로 현재의 위치에서 뒤로 물러가거나 시간적으로 현재보다 앞선 시기의 과거로 가게 되는 것을 말한다. 신경증적 방어기제의 하나로서 부모의 사랑을 독차지하던 아이가 동생이 태어남으로 인해 사랑이 빼앗기게 될 때 실제 나이보다 어린아이와 같은 행위를 보이는 경우를 '퇴행'이라 한다. 우리는 영화라는 안전한 공간에서 퇴행하며 자연스럽게 자신과 마주할 수 있게 된다.

넷째, 영화 속 등장인물을 동일시하거나 투사할 수 있다.

영화 속 등장인물을 보면서 그 중 어떤 인물은 마음에 들고 이해가 되지만, 어떤 인물에게는 괜히 미운 감정이 들거나 분노가 치밀어 오를 수도 있다. 또한 어떤 사람은 자신이 영화 속에 등장하는 인물이라도 된 것처럼 착각에 빠지게도 한다. 이러한 반응을 통해 스스로의 마음에서 작용되는 감정이나 느낌 등을 이해할 수 있고, 전혀 예상하지 않은 장면에서 자신을 깨닫게 되곤 한다.

집단원들과 함께 영화를 보면서 등장하는 인물에게 동일시하는 경우를 살펴보면 누군가는 좋은 감정을 느끼는 인물을 누군가는 가장 마음에 들지 않는 인물로 꼽을 수 있다. 우리는 영화에 등장하는 인물 중 같은 인물일지라도 각자 투사하는 인물이 다르고, 긍정적·부정적 측면에서도 다른 투사를 할 수 있다.

제목: 마담 프루스트의 비밀 정원
Attila Marcel(2013)

제작: 프랑스, 2014년 7월 24일 개봉,
2016년 10월 2일 재개봉

감독: 실뱅 쇼메

출연: 귀욤 고익스(폴),
앤 르니(마담 프루스트)

내용: 당신의 기억, 행복한가요?
"Vis ta vie"
"네 인생을 살아!"
"기억은 일종의 약국이나 실험실과 유사
하다. 아무렇게나 내민 손에 어떤 때는 진
정제가, 어떤 때는 독약이 잡히기도 한다."

영화에 관하여

2살 무렵 부모를 여읜 폴은 말을 잃은 채 두 이모와 함께 산다. 이모들은 폴을
세계적인 피아니스트로 만들려고 했지만, 폴은 대회를 나갈 때마다 입상을 하지
못한다. 33세인 폴은 피아노 실력 이외 대부분의 것들에는 미숙한 어린아이의 상
태에 멈춰있고, 그의 생활 반경은 집과 두 이모들이 운영하는 댄스 교습소, 정원
산책 정도가 전부라 할 수 있다. 그는 분명히 살아 움직이지만 두 이모의 자동인형
같은 느낌이다. 눈빛은 한없이 깊고, 모습은 슬픔을 가득 머금고 있으며, 감정이라
곤 행복과는 거리가 먼 모습이다.

폴에게 단 하나 좋은 것은 따뜻하고 아름다웠던 엄마에 대한 기억이다. 반면 어
릴 적 희미한 기억으로부터 비롯된 아빠에 대한 공포심을 품고 있었으며, 사진 속
아빠를 재단해 분리해버리는 행위로 자신의 기억 속에 있는 아빠에게 복수한다.

그러던 어느 날 폴이 살던 아파트의 엘리베이터가 망가지면서 그의 인생에 큰 변화가 생긴다. 우연히 이웃 마담 프루스트의 집을 방문한 폴은 그녀가 키우는 작물을 먹고 과거의 상처와 추억을 떠올리게 되면서 매주 목요일마다 '잃어버린 기억을 찾아서' 여행을 한다.

정신분석의 거장인 멜라니 클라인은 아이들이 엄마와 주변의 사람들을 '환상(phantasy)'을 통해 구성하고, 그 무의식적 환상을 통해 전체 세계와 관계한다고 하였다. 아이는 어떤 것도 있는 그대로 단순하게 보지 않고, 지각을 구조화하고, 윤색하고, 중요성을 더하며 무의식적 환상을 모든 지각에 부착하는 방법으로 세계를 인식한다고 하였다. 이 영화의 섬세한 장치들과 색채는 할리우드 영화와는 비교할 수 없는 독특함이 있다. 특히 폴의 기억 속 장면은 과장된 동화 속 한 장면 같기도 한데, 이 장면들은 성인이 된 시점으로는 기억하기 힘든 폴의 무의식적 환상(Phantasy)을 보여주는 듯하다.

감독 실뱅 쇼메는 마르셀 프루스트의 '잃어버린 시간을 찾아서'의 많은 부분들을 영화에 담아낸다. 아마 그는 프루스트의 열렬한 팬이 아니었을까?
영화 속 폴은 마담 프루스트가 준 이상한 차와 마들렌을 먹으면서 무의식 속 봉인된 기억 속으로 들어가게 된다. 이모들로부터 왜곡된 아버지에 대한 기억, 자신이 억압해 온 고통스러운 진실들을 마주하게 되면서 점차 성인으로 성장한다.

프로이트는 '이드가 있는 곳에 에고가 있게 하라'라는 말로 정신분석치료의 궁극적인 목표를 말하고 있다. 폴은 자신의 과거를 기억해내었고, 바라보았으며, 화해하고 인정하는 작업을 통해 비로소 성숙한 어른의 자아로 다시 태어날 수 있었다. 기억을 찾고 사진 속 아버지를 엄마와 자신의 옆으로 다시 복귀시키는 상징적인 작업을 통해 자신의 모든 것을 받아들인다.

기억은 주인 스스로를 왜곡시킨다. 도저히 간직할 수 없는 기억들은 억압해버린다. 하지만 왜곡하고 억압한다고 지워질 수 있는 것은 아니다. 마치 그리스 신화에 나오는 '시지프스의 형벌'처럼 바위를 산꼭대기로 굴려 올리지만 그 무게로 인해 다시 아래로 굴러 떨어지는 행위를 반복하기 때문이다. 그것을 용기 있게 인식하고 받아들일 때 우리는 ┼원될 수 있을 것이다.

영화는 폴이 두 살 때 미처 말하지 못했던 "papa"라는 말을 자신의 아이에게 되뇌는 것으로 막을 내린다. 폴은 이제 공허한 눈빛에 감정을 담고 매순간 행복을 느끼며 살게 되지 않을까?

3 정신분석적 접근의 치유 요인

1) 무의식을 의식화

정신분석적 접근에서의 의식화는, 수면위로 올라오지 못한 기억들을 스크린을 통해 의식으로 끌어내는 형태이다. 무의식에 침잠되어있던 불안, 상처, 적개심, 두려움, 그리움 등이 의식의 표피 밖으로 나오게 됨으로써 기억을 재해석할 수 있고, 교정적 재경험을 통해 축소하거나 긍정적으로 확대시킬 수 있다. 내담자들의 미해결된 아동기 감정 양식이나 외상 기억이 의식화되면, 자신과 대면하게 되고 미성숙한 방식에서 조금은 성숙한 자신과 만나게 된다. 이러한 과정을 통해 있는 그대로의 자신을 인정하게 됨으로써 과거에 얽매이지 않고 수용하는 힘을 얻게 된다.

2) 은유화

아리스토텔레스는 '시학'에서 메타포를 "본래의 그것과는 다른 것에 속하는 이름으로 전이하거나 또는 비유에 의해 낯선 이름을 사용하는 것"으로 정의하였다. 여기서 낯선 이름과 전이라는 개념은 일반적인 것이 아닌 낯선 개념을 차용하여 언어의 통상적인 문맥을 낯선 문맥으로 옮기는 것을 의미한다. 은유(metaphor)는 전달할 수 없는 의미를 표현하기 위하여 유사한 특성을 가진 다른 사물이나 관념을 써서 표현하는 것을 의미한다.

인간의 형태 뿐 아니라 인간과 같은 인식기능, 운동기능을 구현하는 휴머노이드 (Humanoid, 인간형 로봇)시대가 도래하였고 계속 발전해나가고 있다. 그럼에도 불구하고 인간만이 갖고 있는 위대함은 유머(Humor)와 위트(Wit)에 있다고 할 수 있다. 나날이 발전해가는 시대를 살고 있지만 이것 못지않게 인공지능이 따라할 수 없는 것은 메타포(Metpahor, 은유)이다.

은유는 우리 주변에 비밀스럽게 항상 존재하고 있다. 우리는 1분에 약 6개의 은유를 말한다. 은유적 사고는 우리가 자기 자신과 타인을 이해하며, 의사소통하고, 배우며, 발견하는 방법에 필수적이다. 우리는 발상, 감정, 느낌, 개념, 사고 등의 모든 추상적인 것을 다룰 때 필연적으로 은유에 기댄다. 무의식에서의 언어활동은 이러한 은유를 통해 나타난다. 무의식에서 나온 욕구의 파생물들은 의식화되기까지는 언어가 아니라 구체적인 형체나 이미지로 치환된다. 이 현상은 특히 꿈에서 두드러지게 나타난다. 꿈이 무의식의 욕망에 대한 메타포라면 영화는 미장센과 연출 속에 감춰진 인간과 세상에 대한 메타포라고 할 수 있다. 인간의 오감을 통해 인지할 수 없는 것들도 공상, 상상, 환상의 힘을 빌어 그 영역을 넓혀갈 수 있다.

🎞 영화 '일 포스티노'에 드러난 은유(metaphor)

마리오와 베아트리체

로사: 말 좀 해봐라. 뭐라고 하든?

베아트리체: 메타포?

로사: 메타포로 뭘 했는데?

베아트리체: 이야기를 했어요. 내 머리는 나비의 날갯짓 같다고 했어요. 당신의 미소는 장미요, 땅에서 움튼 새싹이요, 솟아오르는 물줄기이며…. 그대 미소는 부서지는 은빛 파도….

로사: 그래서 넌 어떻게 했니?

베아트리체: 뭐라고 말했냐고요?

로사: 아니, 무슨 짓을 했느냐고! 그 배달부는 입만 있는 것이 아니라 손도 있지 않느냐.

베아트리체: 그는 순결한 여인과 함께 있는 것은 파도가 부서지는 하얀 백사장에 있는 것과 같다고 했어요.

로사: 그래서 너는?

베아트리체: 그분도 날 바라봤어요. 내 눈을 보다가 갑자기 내 머리를 응시했어요. 아무 말도 없이 깊은 생각에 잠겨 있는 것 같았어요.

마리오와 네루다

마리오: 마치 배가 단어들로 이리저리 튕겨지는 느낌이었어요.

네루다: 배가 단어들로 튕겨진다고? 방금 자네가 한 말이 뭔지 아나?

마리오: 아뇨. 뭐라고 했는데요?

네루다: 그게 바로 '메타포'야.

마리오: 아니에요.

네루다: 그렇다니까!

마리오: 하지만 일부러 한 게 아니니까 진짜는 아니죠.

네루다: 그건 상관없어. 느낌이란 순간적으로 생기는 것이니까.

마리오: 그럼 선생님은 바다와 하늘과 강과 꽃과 나무와…. 그런 것들이 있는 이 세상 모두가 무언가의 메타포라고 말씀하시는 건가요?

Check? Check!

첫째, 상담자는 내담자가 반복해서 여러 번 본 영화, 매우 강렬한 인상을 받은 영화는 어떤 영화인지를 파악하고, 그 과정을 중요하게 여긴다.

둘째, 정신분석적 접근에서는 한 편의 영화를 보고 보편적으로 이야기하는 차원과 다르기 때문에 특정 영화가 적절하다고 제시하기가 어렵다.

셋째, 내담자가 선택한 영화에 대해 상담자는 어떤 평가도 제시하지 않아야한다(등장인물, 평론가들의 평가, 감흥이 느껴지지 않는 영화 등).

넷째, 개인상담일 경우 내담자가 선택한 영화를 상담자가 보면, 내담자가 왜 그 영화를 선택했는지, 주 호소 문제가 영화와 어떤 연결고리가 있는 지 등 내담자를 이해할수 있는 폭이 넓어진다.

다섯째, 개인이나 집단으로 진행할 경우 내담자들이 주 호소나 목표에 맞는 영화를 선택하더라도 꼭 선택한 영화를 보여줘야 한다거나 진행하는 것에 대해 경계해야 한다.

여섯째, 상담이나 프로그램 진행 시 빈 의자 기법, 내면 아이, 만다라 등 다른 예술매체와 연합도 가능하며, 영화치료 내에서는 셀프 다큐멘터리를 찍어오게 하거나 다른 상호작용 접근방법과 병행할 수도 있다.

5 정신분석적 접근 영화

제목: 몬스터 콜, A Monster Calls(2016)

제작: 미국 외, 2017년 9월 14일 개봉, 12세 이상 관람가

감독: 후안 안토니오 바요나

출연: 시고니 이버, 펠리시티 존스, 루아스 맥두걸, 리암 니슨

내용: 이 영화는 '패트릭 넬스'의 소설 원작에서 비롯되었다.

12살 소년 코너는 엄마가 난치병에 걸리자 홀로 집안일을 하면서 힘들고 슬픈 나날을 보낸다. 고통스러운 현실에서 도망치기 위해 상상의 세계를 만들던 어느 날 밤, 주목나무 괴물 몬스터가 소년에게 나타나 "너를 만나기 위해 왔다."라고 외친다. 이어 악몽보다 끔찍한 충격과 공포로 몰아붙이면서 "세 가지 이야기를 들려줄 것이고, 끝나면 네 번째 이야기를 해야 한다."고 말한다. 현실과 환상, 진실과 거짓이 공존하는 세상에서 이야기로 시작해 이야기로 풀어가는 영화이다.

MOVIE Talk? Talk!

9분할 통합 회화법 [200쪽 부록]

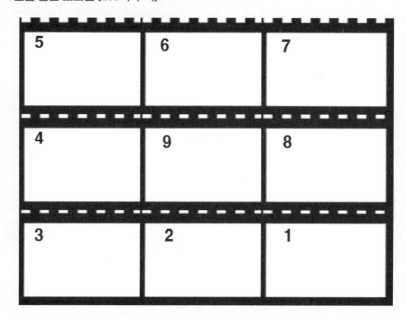

9분할 통합 회화법은 일본의 애지의과대학 심리학과 모리타니 교수가 제안한 기법이다. 내담자의 복잡하게 얽혀있는 내면의 여러 가지 요소들을 하나로 정리할 수 없을 때, 도화지를 3X3으로 9분할하여 각각의 칸에 그림을 그리게 하는 방법으로 미술치료에서는 이미 적용되어왔다.

먼저 1번에 해당하는 칸에 영화를 보고 떠오르는 단어를 명사나 형용사로 적게 한다. 이후 2번부터 9번까지는 무의식적으로 떠오르는 단어들을 적는데 이 때 영화와는 별개의 부분이라고 명시해줘야 한다. 이러한 실습으로 자신의 내면을 스스로 탐색하고 이해할 수 있으며 나아가 가족, 타인과의 관계 및 문제해결 방안에 대해서도 통찰할 수 있다.

🎬 추천 영화

제목: 그랑블루,
      The Big Blue(1988)
감독: 뤽 베송
출연: 장 르노, 장 마르 바, 로잔나 아퀘트

어린 시절 아버지를 잠수 사고로 잃은 자크. 그런 그에게 유일한 마을 친구인 엔조는 잠수 실력을 겨루는 경쟁대상이자 단 한 명의 우정을 다지는 친구이다. 오랜 시간이 흘러 프리다이빙 챔피언인 엔조의 초대로 재회하게 된 두 사람. 마침내 대회에서 자크가 승리하게 되고 엔조는 패배를 인정하면서도 무리한 잠수를 시도한다.

제목: 라이프 오브 파이, Life of Pi(2012)
감독: 이안
출연: 수라즈 샤르마, 이르판 칸

인도에서 동물원을 운영하던 파이의 가족은 동물들을 싣고 이민을 떠나는 도중 거센 폭풍우를 만나고 배는 침몰한다.
혼자 살아남은 파이는 가까스로 구명보트에 올라타지만 여러 동물들과 보트 아래에 몸을 숨기고 있던 벵골 호랑이 리처드 파커와 마주친다. 배고픔에 허덕이는 동물들은 서로를 공격하고 결국 파이와 파커만이 배에 남게 된다.

추천 영화

제목: 행복한 라짜로, Happy as Lazzaro(2018)
감독: 알리체 로르와커
출연: 아드리아노 타르디올로

라짜로는 마을의 지주인 후작 부인의 담배 농
장에서 이웃들과 함께 일하는 순박한 청년이
다. 요양을 위해 마을을 찾아온 후작 부인의
아들 탄크레디와 라짜로는 둘만의 우정을 쌓
는다. 자유를 갈망하는 탄크레디는 자신의 납
치극을 꾸며 마을을 벗어나려고 결심하고, 라
짜로는 그런 그를 돕는다.

제목: 키드, Disney's The Kid(2000)
감독: 존 터틀타웁
출연: 브루스 윌리스

성공한 이미지 컨설턴트 러스 듀리츠는 어느
날 8살의 자신과 만나게 된다. 소년은 어른이
된 자신의 모습에 크게 실망하고, 자신이 되고
싶은 미래상을 어른이 된 러스가 배울 수 있도
록 도운다. 이 과정을 통해 러스는 커야 할 사
람은 소년이 아니라 자기 자신임을 깨닫게
된다.

CHAPTER 05

정서중심적 접근

1 정서중심적 접근의 정의

정서중심적 접근은 인간의 정서에 초점을 두고 활성화하여 정서적 반응을 이끌어 내고 그것을 다루는 것이 변화를 촉진하는 것이라고 보는 이론이다. 그린버그(L. Greenberg)가 제안한 정서중심적 접근은 정서가 인간의 경험의 방향이나 내용을 결정할 수 있고 인지적 해석까지 영향을 미친다고 본다. 우리나라에서 영화치료를 하고 있는 사람들에게는 정화적 접근이라고 알려져 있다. 정서중심적 접근은 영화를 감상하면서 다양한 정서를 경험하며 감정적인 정화와 정서적 고양상태를 경험하는 것을 말한다. Hesley. J. W.와 Hesley. J. G.는 영화치료가 정서적인 면에서 내적인 억압을 풀고 정서를 활성화하여 긍정적인 효과를 가져 온다고 하였다. 이러한 것들이 가능한 이유는 사람들이 영화를 보면서 등장인물이나 상황에 자기 자신의 감정을 투사하면서 정서를 재경험하고 또한 타인에 대한 정서적 표현과 통찰 및 이해를 촉진시키는 것이 용이하기 때문이다. 이 과정에서 스스로 부인하는 감정에 도전하게 되고 결국에는 교정적 정서경험이 가능하다.

1) 정서

감정(정서, emotion): 외부 자극에 대한 단기적, 인지적 반응
emotion = e(out, 밖으로) + motion = 밖으로 향하는 운동

의식적으로 경험된 인간의 정서는 기분 상태 및 행위 경향성이 이를 촉발한 상황 및 자기와 결합될 때 생겨나는 경험이다. 따라서 정서는 여러 가지 수준의 처리 과정이 통합된 것이다. 여기에는 각기 고유한 행동 경향성이나 얼굴 표정을 수반하는 두려움, 분노, 슬픔과 같이 구체적인 정서 경험도 있고, 보다 복잡한 이야기나 각본을 수반하는 질투, 자부심 같은 복합적인 정서도 있다. 여기서 행동 경향성이라는 의미는 외부자극에 의한 반응으로 정서가 발생하며, 정서를 느낄 때 어떤 행동을 하도록 이끈다는 것이다. 공포는 도피하려는 동기를, 분노는 공격하려는 동기를 동반하는 것으로 알려져 있고 이 반응은 생존에 적응적인 반응이다.

정서는 경험에 개인적인 의미를 부여한다. 외부 자극에 대한 반응으로 뜨거운 물건에 손이 닿으면 바로 손을 떼는 반사적인 반응과 달리, 정서는 뇌에서 인지과정을 거쳐 나오는 반응이다. 예를 들어 누군가가 교통사고로 사망했다는 소식을 접할 때, 그 사람과 친한 관계였는지 아니면 전혀 모르는 사람인지에 따라 우리의 정서는 달라진다. 즉 나에게 감정을 일으킨 사건 자체뿐만 아니라 그 사건의 의미에 따라 감정이 달라지는데 이때의 인지 과정은 항상 상황을 언어로 표현할 만큼의 의식적인 과정은 아니다. 자신이 지금 경험한 상황을 뇌가 의식적으로 이해하기 전에, 지금 보고 있는 것이 무엇인지 말할 수 있기 전에, 우리의 뇌는 지금 보고 있는 것이 좋은지 싫은지를 느낀다. 이러한 경험을 우리는 매 순간 삶 안에서 마주하고 있다.

특히, 영화는 본능적으로 억압하는 감정을 중화시킨다. 사람들은 타인들과의 관계보다는 영화 속 스토리를 통해서 자신의 정서와 만나게 되고, 그 어느 때 보다 극대화시킨다. 상담 장면이나 치료 세션 과정에서 내담자들은 동일시했던 영화 속 등장인물들에 대해 나누며 자신의 삶에 의미를 부여하고 의식 속에 숨겨진 정서를 경험할 수 있다.

2) 정동

정동(情動, affect): 객관적으로 드러나 관찰 가능한 감정상태
affect = 접촉해서 흔적을 남긴다는 의미의 라틴어 affectus에서 나온 말

정동은 자극에 대한 무의식적이고 생리적이며 신경학적인 과정들의 반응을 의미한다. 정동에는 반영적 평가가 포함되지 않는다. 정동은 단지 일어날 뿐이다. 얼굴 표정, 말투, 행동 등에서 확인된다. 인간은 타인의 감정을 느끼지 못하고 얼굴 표정이나 말, 또는 행동을 통해서 추론할 수 있다. 추론 과정은 의식적인 과정뿐만 아니라 무의식적인 과정까지 포함한다.

외부 관찰자는 추론을 통해 당사자가 느낀다고 말하는 감정 상태보다 더 정확하게 그 당사자의 감정 상태를 평가할 수도 있다. 어떤 사람이 자신이 화가 났다고 말할 때 실제로는 그렇지 않을 수도 있다. 실은 두렵거나 질투가 나거나 이 감정들이 모두 혼합된 상태일 수 있지만, 본인은 화가 난 것이라고 느끼기도 한다. 정동이라는 말은 객관적으로 드러난 감정을 말하기 때문에 정신과에서 많이 사용하는 용어이다. 그러나 일상에서는 감정(정서)(emotion)과 거의 같은 의미로 사용된다. 또한, 일상에서 아주 흔하게 사용되는 용어이지만 놀랍게도 공통적으로 용인되는 정의를 가지고 있지 못하고, 과학에서조차도 '감정(정서)'라는 용어에 대하여 명료하면서도 용인된 기술적 정의가 없다.

3) 정화

정화(淨化): 고대 그리스 시대에 아리스토텔레스가 '시학(poetica)'에서 처음 사용
정화(catharsis): 정신분석의 용어

정화는 비극에 등장하는 인물들의 비참한 운명을 보는 간접경험으로, 자신의 두려움과 슬픔이 해소되고 마음이 깨끗해지는 일이다. 정신분석에서는 마음속에 억압된 감정의 응어리나 상처를 언어나 행동을 통해 외부로 드러냄으로써 강박관념을 없애고 정신의 안정을 찾는다.

상호작용적 영화치료에서 정서중심적 접근이란 영화를 관람하면서 관람을 통해 기쁨, 슬픔, 우울, 분노, 두려움 등의 다양한 감정을 경험하게 되는 것을 말한다. 그 과정에서 평소 억압된 감정을 방출함으로써 감정적인 정화와 정서적 고양 상태를 경험하게 된다. 영화를 보면서 자신이 생각하고 있던 것들을 재구조화하고 현실의 문제를 해결하기도 한다. 더불어 영화라는 매체는 내담자에게 강렬한 정서를 전달해 준다. 내담자는 현실에서는 자신의 감정을 억압했지만 영화 속에 빠져들면 자신도 모르게 억압하려던 본능을 중화시키고 정서적 방출을 촉진한다. 그때, 자신의 정서를 촉진함으로써 마음의 문은 활짝 열리게 되고, 긴장과 스트레스를 느꼈던 신체적, 정신적 상태가 완화된다.

2 정서중심적 접근의 특징

1) 정서는 좋은 것이나 싫은 것으로 분류할 수 없다

신경학 교과서에 자주 등장하는 유명한 내담자가 있다. 1848년 9월 13일, 미국의 철도 건설 현장에서 일하던 피니어스 게이지(Phineas Gage)는, 철로작업 중 화약 폭발사고를 당했다. 쇠막대기가 그의 왼쪽 뺨으로 들어가 머리뼈와 뇌를 관통하여 머리 위쪽으로 나왔다. 머리를 그렇게 많이 다쳤음에도 불구하고 그는 기적적으로 살아났고 더욱이 마비, 언어장애, 기억력 상실 같은 후유증도 없었다. 당시 임상 기록을 보면 사고로 인한 가장 큰 변화는 성격의 변화였다. 사고 전 그는 동료들과 잘 어울리고 책임감이 강했으나, 사고 후에는 화를 참지 못했고 행동은 충동적으로 변했으며 자신의 장래나 행동의 결과에 대해 신경 쓰지 않았다. 직장도 한 곳에 있지 못하고 여기저기 떠돌아다니다가 12년 뒤 사망한다. 당시 의사들은 그가 보여 준 임상 사례가 좀 더 연구할 가치가 있다고 생각해서 시신을 발굴, 머리뼈와 쇠막대기를 하버드 의대에 보관하였다. 게이지의 부상은 많은 의사와 학자들에게 뇌의 기능에 대한 의문점을 던졌고, 전두엽이 추상적인 생각, 판단, 예측, 충동 억제 등의 기능을 한다는 것을 추론할 수 있게 했으며, 이는 수많은 실험과 연구를 통해 증명되었다.

1994년, 안토니오 다마지오는 영상 기술을 이용해서 게이지의 뇌에 가해진 손상을 평가한 결과, 쇠막대기는 운동 기능이나 언어를 담당하는 부위를 건드리지 않았고, 이마 옆의 앞부분을 주로 손상시킨 것으로 나타났다. 이것이 게이지가 감정을 조절하지 못하게 되고 성격이 변한 원인이었던 것이다. 다마지오의 연구 결과는 큰 의미를 가진다. 도덕적 행위나 의사 결정의 동기가 이성의 영역이었다고 생각해왔던 오랜 통념을 깨고, 감정의 영역일 수 있다고 생각하게 된 것이다. 감정이 전혀 없다면 판단 자체가 불가능하기 때문에 합리적인 판단이 어려울 수 있다. 감정적으로 불안정한 경우 의사 결정에 나쁜 영향을 미치고, 질투나 화와 같은 감정으로 파괴적인 결과를 초래하기도 하기 때문에, 감정적인 것이 늘 좋은 결과를 가져온다는 의미는 아니다. 그러나 좋고 나쁨과 관계없이, 감정은 판단에 결정적인 역할을 한다.

심리학에서 정서(emotion)는 어떤 자극에 대한 반응을 만들어 내고 그 자극을 평가하는 복잡한 순환고리의 근본적인 부분으로 간주된다. 생물학에서는 감정을 신체의 생리 상태가 뇌에 미치는 영향을 반영하는 과정으로 간주하며, 뇌는 우리가 어떻게 '느끼는 지'를 결정해 준다고 본다. 문화적으로는 감정의 범주를 기술할 수 있는데 예를 들어 슬픔, 공포, 분노, 수치, 놀람, 역겨움 및 즐거움 등의 감정이 모든 문화에서 이름 붙을 수 있는 것들이고 표정을 통하여 보편적으로 인식될 수 있는 것들이다. 이들은 종종 보편적인 혹은 범주화된 감정이라고 불린다. 실제로 이런 과정들에는 좋고 나쁨이 존재하지 않는다. 다만 자극에 대한 감정 평가(appraisal) 과정에서 문화적으로 '분노'를 어떻게 다루어야 하고, '슬픔'을 어떻게 다루어야 하는 지를 학습한 것들이 많은 영향을 미치게 된다.

영화를 보면서 우리는 자신의 감정과 접촉하게 된다. 한바탕 웃으며 본 영화라고 해서 좋은 영화, 행복하게 만드는 영화라고 할 수 없다. 또한, 주체할 수 없을 만큼 눈물을 쏟거나, 분노를 일으킨다고 해서 싫은 영화로 분류할 것이 아니라 그 안에서 무엇이 그런 감정을 느끼게 했느냐가 더 중요하다. 또한, 그동안 우리가 어떠한 이유로 슬픔과 분노 등의 감정을 억압했으며, 표현하면 안 된다고 생각하게 되었는지 그 기원을 탐색하는 것이 자신의 정서를 더 잘 조절할 수 있는 바탕이 될 것이다.

2) 단시간 안에 다양한 정서를 느끼고 경험할 수 있다

일반적으로 영화는 2시간 내외로 관람하는 형태이다. 영화를 보는 동안 관객들은 정화의 경험을 하고 자신의 정서를 그 어느 때 보다 극대화하게 된다. 영화를 관람하는 그 시간 안에 우리는 하나의 정서만 느끼는 것이 아니라 폴 에크만이 언급했던 여러 감정들과 접촉하게 된다. 평소 내면 안에 꾹꾹 눌러놓았거나 말할 수 없도록 억압했던 감정은 무엇이며, 왜 그래야만 했었는지 영화를 통해 스스로 바라볼 수 있다. 그 과정에서 내담자는 자신의 삶에 대해 바라보고, 의미를 부여하고 가치의 우선순위를 매길 수 있게 된다.

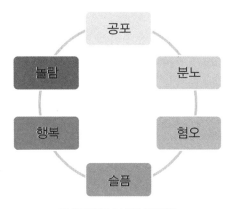

폴 에크만의 여섯 가지 기본감정

감정의 개념은 데카르트가 주장한 여섯 가지 기본 정념에서도 찾아볼 수 있지만, 보편적인 기본 감정이 존재한다는 주장은 다윈의 진화론에서 유래한다. 다윈은 인간이 진화의 산물이듯 감정도 진화의 결과로, 다른 동물들에서도 관찰되는 보편적인 것이라고 주장했다. 이 전통을 따르는 학자들은 다윈이 말한 보편적인 감정을 여섯 가지로 정리하여 '빅 식스(big six)'라고 한다. 이는 에크만이 인간의 기본 감정이라고 말한 여섯 가지 감정과 같다. 그러나 이 여섯 가지 감정 중 '놀람'이 감정의 분류에 속하는가에 대한 의견이 분분하다. 많은 학자들은 감정은 좋거나 싫거나 하는 느낌이 있어야하는데 놀람(surprise)은 오히려 '중립적'에 가깝다고 생각한다.

영화 '인사이드 아웃'은 우리가 느끼는 정서적인 특징을 의식적으로 바라볼 수 있는 좋은 예시다. 정서를 다룰 때 치료자간 의견이 일치하는 것이 하나 있는데 그것은 바로 내담자가 자신의 감정과 '접촉하는 것'이 유용하다는 것이다.

임상장면에서는 핵심적인 정서경험을 과도하게 통제하거나 회피함으로써 문제가 일어나는 경우를 매우 흔하게 접한다.

3) 정서는 출현하고 완결되는 자연적 과정을 밟는다

정서는 의식적인 상징적 사고에 앞선 감각의 형태로 복합적이고 전의식적인 판단과정을 거쳐 발생한다. 정서는 분명한 출발점이 없이 흐름에 따라 역동적으로 전개되는 과정이기 때문에, 상황에 대한 의식적 평가에 앞서 개인적인 의미를 먼저 이해해야 한다. 영화는 사람과 사람 사이의 관계에 대한 이야기를 전반적으로 다루고 있다. 그 이야기 안에서 내담자들은 자신의 정서가 출현되고 완결되는 경험을 간접적으로 느끼게 된다.

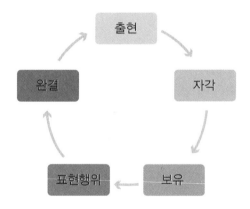

인간의 감정은 아주 오래전부터 서양 철학자들의 관심 대상이었지만, 주로 이성을 위협하는 것으로 항상 논점의 주변에 머물러 있었다. 이성과 감정은 종종 주인과 노예의 관계로 비유되었고, 이성의 지혜로 감정의 위험스러운 충동을 조절해야 한다는 전통이 강했다. 현대인들도 대부분 감정은 동물적이고 본능적인 것으로, 열등하며 위험할 수 있기 때문에 이성에 의해 조절되어야 한다고 생각한다. 인간의 본성에는 서로 다른 두 개의 성향이 있어 서로 끊임없이 갈등한다는 개념에서 나온 것으로 인간의 마음을 이성과 감정으로 나누는 것은 마음을 쉽게 이해하기 위한 인위적인 분류이지, 실상 감정 따로 이성 따로 있는 것은 아니다. 이 사실을 염두에 두어야 감정을 훨씬 더 잘 이해할 수 있다.

4) 다양한 정서 경험은 친밀감과 의사소통에 도움을 준다

상담을 할 때 언어적으로 표현하기 어색해하는 경우, 더할 나위 없이 좋은 매체가 영화이다. 자신의 이야기를 직접적으로 꺼내기 망설이거나 방어가 심한 내담자일 경우에 직면시키기 보다는, 영화에 등장하는 인물에 대해 이야기를 하다 보면 자연스럽게 타인과 관계 맺는 방식 등을 함께 통찰할 수 있고 라포 형성에 도움을 준다.

3 정서중심적 접근의 치유요인

첫째, 단계적인 과정(stage process)을 통해 감정을 치유하고 승화시킨다.

경험을 언어로 상징화하고 묘사할 수 있는 상징적 능력이나 서술적 능력이 충분히 발달하지 못한 아동기에 경험하는 외상적 경험들은 더욱 강한 기억을 남긴다. 아동기 외상적 경험은 상징화되지 못한 채 정서기억 속에 저장되기 때문에 더욱 수용하기 어려운 정서적 흔적을 남기게 된다.

외상 후 기억들은 안전한 치료 상황에서 과거의 두려움이나 강렬한 정서적 반응을 어느 정도 각성하여 재처리해야 한다. 외상적 경험을 이야기의 형태로 상징화하여 경험에 통합해야 하는데 즉 정서 뇌의 감각적 요소를 언어로 전환해야 기억을 신피질의 통제 하에 놓을 수 있고 이를 의미 구조 속에 온전히 통합할 수 있게 된다.

억압된 정서, 외상적 경험들을 욕구나 충동들에 직면시키기보다는 영화를 통해 자신의 감정을 자연스럽게 외부로 방출함으로써 행동에 이성적인 요소가 연합되어 감정을 승화시킬 수 있다.

둘째, 심리적 위로를 통해 안정감과 지지를 제공받는다.

우리가 흔히 나쁜 감정이라고 말하는 것에는 정당한 힘(권한, 능력)을 잃어버렸다는 상실감이나 관계에 대한 상실감이 포함되어 있다. 치료자는 먼저 내담자의 경험을 정당하게 인정할 필요가 있으며, 내담자가 감정에 대한 통제력을 회복할 수 있도록 도와야한다. 이를 위해서는 먼저 치료적 동맹관계, 즉 라포 형성이 필수적인데 그 과정에 영화만큼 강력한 매체는 없다. 인권, 인종에 대한 차별에 맞서는 영화 '히든 피겨스(Hidden Figures)의 주인공들처럼, 모두 NO라고 할 때 주저하거나 안주하기 보다는 '나만 힘든 게 아니구나.', '나도 저 주인공들처럼 용기를 내어 도전해봐야지.'라며 심리적 위로를 받을 수 있다. 또한, 자신만이 세상에 던져진 것 같은 고립감, 고통을 받는 상황에서도 혼자가 아님을 영화를 통해 지지 받을 수 있다.

셋째, 자신의 감정을 상징화하고 밖으로 표현할 수 있다.

영화 한 컷 한 컷은 이미지이며 상징이다. 이를 통해 내담자들은 고통 속에 처해 있는 현실과 마주하거나 과거 어린 시절부터 반복되어왔던 문제를 알아차릴 수 있다. 영화를 보면서 사랑받지 못했다는 자괴감, 억울함, 분노 등과 같은 감정들을 수용하게 되고 이를 의식 속에서 상징화하여 경험함으로써 표현하게 된다. 또한 그 감정이 어떻게 생성되었고 원인이 무엇이며, 그 결과가 어떠한지를 의식적으로 경험할 필요가 있다.

예를 들어 내담자가 불안정감을 느끼고 있을 때 진정한 변화를 도모하려면 '왜' 그런지 이해하는 것보다 '무엇이' 경험되는지를 상징화하고 정서가 '어떻게' 경험되는지(어떤 내적 과정에 의해 이런 경험을 하게 되는지)를 자각하는 것이 더욱 중요하다. 그런데 영화를 관람하면 자신과 전혀 다른 인물에 만족감을 느끼거나 현실에서는 도저히 이루어 질 수 없는 가상 세계, 판타지 등에서도 대리만족을 느낄 수 있다. 흔히 감정을 '제거'하거나 '빼낸다'라는 비유를 사용한다. 하지만 이런 비유는 정서를 경험하고 변화할 때 일어나는 미묘하고 다양한 측면들을 간과하고 있는 것이다.

Check? Check!

첫째, 내담자가 최근 느끼는 감정은 어떤 감정이고, 외부로 표현하지 못하는 감정은 어떤 감정인지 파악한다.

사람들마다 정서적으로 느끼는 온도차는 다르다. 현재 이슈에 따라 동일한 영화를 과거에 봤을 때와 지금 이 순간 볼 때가 다를 수 있다. 그 온도의 차이를 잘 알아차려야 한다. 또한, 강렬한 경험은 더디게 올 수도 있고, 갑작스럽게 스프링처럼 튀어나올 수 있다.

둘째, 영화를 보는 대상의 연령층, 환경, 사회경제적 배경, 대인관계 등을 고려해야 하며 영화를 관람할 때 역동을 일으키는 감정을 잘 살펴봐야 한다.

예) 영화 '우리 개 이야기(いぬのえいが: All About My Dog)'를 보며 슬픔에 잠기는 내담자도 있지만 동물에 대한 상실 경험으로 거부하는 내담자도 있다.

영화 '귀향(Spirit's Homecoming)'은 관람할 엄두를 내지 못하고 표만 예매하는 경우도 있는데 이유는 물어보면, 강렬한 감정을 감당하기 어렵다고 호소하기도 한다.

셋째, 상담 초기, 중기, 후기 중 언제 보여줄지를 선택해야한다.

예) 영화 '님아, 그 강을 건너지 마오(My Love, Don't Cross That River)'는 89세 강계열 할머니, 98세 조병만 할아버지가 나오는 영화이다. 나이가 지긋한 분들이 영화 속 주인공이라고 해서 노년층에게 영화를 보여주는 것은 완전히 빗나간 관람 형태일 수 있다. 나잇대가 비슷한 경우에는 자신이 배우자와의 관계가 영화 속 주인공처럼 애틋하지 않음에서 오는 감정, 죽음을 맞이하는 장면에서의 직면이 더 큰 상처로 다가올 수 있기 때문이다. 영화를 언제, 몇 회기에 보여줘야 하는지 세심한 주의가 필요하다.

넷째, 정서 그 자체를 느끼게 하는 것이 중요하다.

정서가 충만한 등장인물들이 나오는 영화라고 해서 내담자도 충분히 느끼는 것이 아니다. 또한, 분노의 감정을 표출하게 하고자 분노하는 영화를 보여준다고 해서 내담자가 영화 속 등장인물처럼 감정을 표출하는 것도 아니다. 반대로, 웃음을 자아내는 장면을 보여준다고 깔깔거리고 웃거나 좋아하는 것도 아니다. 내담자가 어떠한 정서든 그 자체를 느끼고 표현하게 하는 게 중요하다.

4 정서중심적 접근 영화

제목: 조커, Joker(2019)
감독: 토드 필립스
출연: 호아킨 피닉스

"내 인생이 비극인줄 알았는데, 코미디였어."
고담시의 광대 아서 플렉은 코미디언을 꿈꾸는
남자. 하지만 모두가 미쳐가는 코미디 같은 세
상에서 맨 정신으로는 그가 설 자리가 없음을
깨닫게 된다.

제목: 데몰리션, Demolition(2015)
감독: 장 마크 발레
출연: 제이크 질렌할, 나오미 왓츠

교통사고로 아내를 잃은 성공한 투자 분석가 데
이비스.
평소와 다름없이 출근한 그를 보고 사람들은 수
근거린다. 아무런 감정도 느끼지 못하는 것처럼
살아가는 데이비스는 어느 날, 망가진 병원 자
판기에 돈을 잃고 난 뒤 항의 편지에 누구에게
도 말 못한 자신의 속마음을 털어놓는다.
이후 새벽 2시, 고객센터 직원 캐런으로부터 한
통의 전화가 걸려온다.

제목: 결혼 이야기, Marriage Story(2019)
감독: 노아 바움백
출연: 스칼렛 요한슨, 아담 드라이버

결혼의 끝에서 비로소 다시 시작되는 이야기.
파경 후에도 관계를 유지해야 하는 한 가족을
섬세하고 따뜻하게 그린다.

제목: 벌새, House of Hummingbird(2018)
감독: 김보라
출연: 박지후, 김새벽

나는 이 세계가 궁금했다.
1994년, 알 수 없는 거대한 세계와 마주한 14살 은
희의 아주 보편적이고 가장 찬란한 기억의 이야기
이다.
자신 앞에 펼쳐진 알 수 없는 거대한 세계에 대해
궁금해하는 은희를 통해 그가 지나는 1994년, 그
리고 모두가 지나온 1994년의 기억을 떠올리게
한다.

심리학의 근본

CHAPTER

01 인본주의
02 실존주의
03 대상관계적 접근

인본주의

1 로저스의 인간중심 접근

1) 로저스의 생애

칼 로저스(Carl Rogers, 1902~1987)는 1902년, 미국 시카고 근교에서 기독교 가정의 5남 1녀 중 넷째로 태어났다. 그의 부모는 근본주의적 기독교를 신봉하며 자녀들에게 도덕적 행동, 정서표현의 억제, 그리고 근면에 대한 미덕을 강조하는 교육을 실행하였다. 로저스는 '하나님의 선택받은 자'에 걸맞게 행동을 해야 했고, 어떠한 사교적 생활도 허용되지 않았다. 건강이 좋지 않던 그는 가족들에게 '예민한 아이'라며 자주 놀림당하였고, 친구를 사귈 기회가 없어서 자기만의 공상세계로 빠져들거나 책을 읽는 데 위안을 삼으며 유년시절을 보냈다. 대학졸업 후 부모님의 반대를 무릅쓰고 헬렌(Hellen)과 결혼 하게 되고 목사가 되기 위해 뉴욕에 있는 유니온 신학교에 진학하였다.

뉴욕에서의 두 가지의 경험이 그의 삶의 방향을 변화시켰는데 첫째는 로저스가 심도 있는 신학 연구를 통해 자신의 종교적 믿음에 대한 의문을 갖게 된 것이고, 둘째는 새롭게 심리학에 대한 이해를 하게 된 것이다. 이 변화는 로저스로 하여금 신학을 포기하고, 심리학 공부를 위해 콜롬비아 대학 대학원 과정에 등록하게 만든다. 1931년에 박사학위를 받은 후 로체스터의 아동보호상담소에서 12년 동안 임상 심리학자로 근무하면서 비행 및 장애아동을 진단하고 치료하면서 대부분의 시간을 보냈다. 1940년에 그는 오하이오 주립대학 심리학 교수가 되었고, 이후 로저스는 당시에 확고한 위치를 가진 정신분석 접근과, 행동주의와 맞서 인간중심이론에 대한 발전을 이루었다.

2) 인간중심 접근

인간중심적 접근법은 인간의 잠재력과 가능성에 대한 신뢰를 바탕으로 로저스에 의해 창시되었다. 1960~1970년대에 걸쳐 심리 상담분야에서 정신분석과 행동주의의 대안적인 접근으로 '제3세력'에 대한 관심이 증가하게 되었다. 이때 인간중심 접근은 인본주의 심리학에 뿌리를 두고 실존주의 철학의 영향을 받아 로저스에 의해 발달하였다.

그의 이론은 초기에는 내담자에 대하여 지시적으로 진단하였던 전통적 정신분석적 접근방법에 반대하여 비지시적 상담접근으로 불렸으나, '비지시적'이라는 방법적 측면보다 내담자가 가지고 있는 '성장'의 요인을 강조하면서 '내담자 중심 상담'으로 이름을 바꾸었다. 로저스는 개인의 독특한 주관적인 경험을 강조하며 삶속에서 사건들을 바라보고 해석하는 방식이 행동에 결정적인 영향을 준다고 믿었다. 로저스는 "행동은 지각되는 장에서 경험하는 유기체의 욕구를 만족시키려는 전형적인 목표지향적인 시도이다."라고 언급하면서 개인은 자신에 대한 가장 최고의 전문가이며 자신에 대한 최상의 정보를 지니고 있다고 보았다.

(1) 인간관

인간중심적 접근법은 긍정적인 인간관에 기초하여 인간이 스스로 성장하고자하는 실현경향성을 가진 존재라는 것을 강조한다. 인간은 정신분석에서 말하는 무의식적인 동기나 행동주의에서 말하는 환경적 요인 등으로 통제할 수 없는 어떤힘에 의해 움직이는 존재가 아니라, 스스로 성장하는 방향으로 나아가려는 경향성을 타고 났다고 본다. 한 인간의 성장은 자신이 수용 받고 소중히 여김을 받을 때, 자기 자신을 돌보는 태도를 더욱 발달시키게 됨으로써 촉진된다. 이러한 경험을로저스는 개인의 성장을 위한 필요충분조건으로 보았으며 구체적으로는 일치성, 무조건적 긍정적 존중, 정확한 공감적 이해로 설명하였다. 즉 상담자가 내담자를변화시키려 하기보다는 충분히 수용적이고 공감적인 분위기를 제공하면 내담자는 스스로 긍정적인 변화를 모색하며 문제를 해결하는 존재라는 것이다.

프로이트가 인간을 성적 욕구를 만족시키고자 하며 '만족할 줄 모르는 존재'라고 보았다면, 로저스는 인간이 자기 이해와 이를 통한 자기 실현의 욕구를 전 생애 동안 끊임없이 추구한다고 보았다. 그는 인간이 자신에 대한 이해를 가지고 있고, 건설적인 변화를 일으킬 수 있으며, 효율적이고 생산적인 삶을 영위할 수 있는 능력을 가진 존재라고 확신하였다.

로저스는 유아기나 아동기 초기에 중요한 역할을 하는 부모나 타인이 아동을 어떻게 평가하느냐에 따라 긍정적 혹은 부정적 자아상 발달을 촉진하는 경향이 있음을 강조하였다.

① 유기체적 가치화 과정

인간은 하나의 통합된 유기체로 이해되어야 한다. 인간 유기체는 신체적 기능과 감각, 감정, 동기, 사고 등의 심리적 기능이 통합적으로 조직된 체계로서 환경과 상호작용하며 매순간 유기체적 경험을 하게 된다. 이러한 경험은 개인이 경험하는 모든 것으로서 현상적 장, 즉 심리적 현실을 구성하며 모든 인간은 자신의 경험에 대해 가치를 부여한다. 현상적 장은 개인에게 실제적인 세계로 여겨지는 내적 참조체계로서 모든 판단과 행동의 근거가 되고, 개인의 행동을 이해하기 위해서는 그의 내적 참조체계를 이해하고 공감하는 것이 필수적이다. 이러한 내적 참조체계에 따라 어떤 경험이 자기와 유기체를 유지시키거나 고양시키는 것으로 지각하면, 그 경험을 긍정적으로 평가하여 더욱 추구하는 행동을 한다. 반대로 해가 되는 것으로 인식되는 경험은 부정적으로 평가해서 피하게 된다. 이것을 '유기체적 가치화 과정'이라고 하며 이는 가치가 고정되거나 경직되지 않고 과정 내에서 새롭게 가치를 부여받는다는 것을 의미한다.

② 긍정적 존중에 대한 욕구

모든 인간은 중요한 사람으로부터 따뜻함, 존중, 사랑과 수용 등 인정받고 싶은 기본적인 욕구를 가지고 태어난다. 이러한 욕구는 대상으로부터 분화되고 자신과 외부세계를 분리할 수 있게 되면서 발달하며 지속된다. 인간의 긍정적 존중에 대한 욕구는 중요한 타인에 의해 충족되기도 하고 좌절되기도 한다. 아동은 중요한 타인으로부터 긍정적 존중을 얻기 위해 자신의 유기체적 평가를 포기하면서까지 그들의 기대와 평가에 맞추어 그 기준과 규범들을 따라 행동하게 된다.

③ 조건적 가치화

개인은 각각의 경험을 자신이 어떻게 느끼는가에 따라 평가하는데, 이러한 평가 과정을 유기체적 가치화 과정이라고 지칭한다. 이 과정에서 대부분의 성인은 아이들에게 조건적인 긍정적 관심을 준다. 부모를 비롯한 중요한 타인과의 상호작용을 통해서 자신이 소중하게 인정받는다는 느낌을 갖게 되는 것처럼, 긍정적 관심을 얻기 위해 타인의 기대에 따라 행동함으로써 칭찬과 인정을 받게 되는 것을 가치의 소선이라고 한다. 조건적 가치화는 타인의 생각과 가치를 마치 자신의 것으로 내면화하게 되는 것으로, 이렇게 되면 개인은 진정한 자기와의 접촉은 단절되고 자기 소외를 경험하며, 건전한 성장과 발달에 방해를 받게 된다.

(2) 주요개념

① 유기체와 자기

유기체란 각 개인의 신체, 정서, 지성을 모두 포함하는 전체로서의 한 개인을 말한다. 유기체란 상호간 영향을 주고받는 잘 조직된 체계로 인간은 경험에 대해 유기체적으로 반응한다. 어떤 자극이 있을 때, 인간유기체는 그 자극에 대해 전 존재가 반응을 하는데 이러한 의미에서 로저스는 인간을 총체적(holistic)인 존재로 보았다. 또한 한 개인의 경험은 객관적인 하나의 세계가 아니라 주관적 현실로서의 현상학적 장으로 이해하였다. 따라서 인간중심 접근에서는 한 개인의 현상학적 장에서 그 사람의 내적 경험을 이해하는 것이 매우 중요하다.

자기(self)는 개인의 경험세계로부터 분화된 것으로, 자신에 대해서 의식적으로 지각한 것과 자신이 소중히 여기는 가치를 포함하고 있다. 주로 '나'에 대한 심상과 관련된 부분으로 이해되며 이러한 자기는 현상학적 장의 한 부분이므로 끊임없이 변화하는 과정이다. 즉 자기는 하나의 어떤 개념이라기보다는 유기체의 경험에 따라 끊임없이 형성되고 변화하는 것이다. 자기의 형성과정은 조직적이고 일관된 패턴으로 지각되면서 '자기개념'으로 유지되며, 자기개념은 타인과의 상호작용 경험을 통해 형성된다. 그런데 이 과정에서 한 개인이 형성하는 자기개념은 현재의 자기 모습을 반영하는 현실적 자기(real self)뿐만 아니라 긍정적 존중을 받기 위해 추구해야 할 이상적 자기(ideal self)로 구분된다. 이상적 자기는 자신의 진정한 모습을 토대로 현실적으로 규정되기도 하지만 많은 경우 주변의 중요한 타인들이 자신에게 거는 기대 또는 사회적 요구에 의해 형성되기도 한다. 특히 로저스는 이 두 가지 자기개념을 설명하면서 현재의 경험이 자기개념과 일치할 경우 적응적이고 건강한 성격을 갖게 되지만, 불일치할 경우 개인은 불안을 경험하고 부적응적이며 병리적인 성격을 갖게 된다고 보았다.

② 자기실현 경향성

모든 유기체는 자기 자신을 보존하고 더 나은 방향으로 형성되고자 하는 실현화 경향을 갖는다. 이러한 실현과 경향성은 모든 인간이 타고난 것으로 단 하나의 기본적 동기이며 인간이 자신을 유지시키면서 잠재력을 건설적인 방향으로 성취하려는 선천적인 경향성이다.

로저스는 인간은 자기실현 경향성(self-actualizing tendency)을 가지고 있다고 보았다. 이러한 자기실현 경향성은 자신의 능력을 향상시키고 자기를 실현시키려는 모든 행동의 동기가 된다. 자기실현의 과정은 자신을 창조하는 행위로, 그것을 통하여 모든 인간은 삶의 의미를 찾고 주관적인 자유를 실천하면서 점진적으로 완성된다. 여기서 주의할 점은 자기실현 경향의 방향성이다. 유기체의 성장과 향상, 발달을 촉진한다는 것은 양적인 또는 수직적인 성장을 의미하는 것이 아니다. 실현화 경향성은 성숙의 단계에 포함된 성장의 모든 국면에 영향을 주는 것으로, 로저스는 유전적인 구성으로 프로그램된 인간의 모든 변화는 실현화 경향성에 의하여 달성된다고 보았다. 그러한 변화가 유전적으로 결정되었을지라도 유기체의 완전한 발달에 대한 진전은 자동적이지 않고 노력 없이 이루어지지도 않는다고 보았다.

③ 충분히 기능하는 사람

충분히 기능한다는 것은 현재 진행되는 자신을 완전히 자각하는 것이다. 로저스는 "충분히 기능하는 사람(the fully functioning person)은 최적의 심리적 적응, 최적의 심리적 성숙, 완전한 일치, 경험에 완전히 개방되어 있는 사람이다. 이러한 사람의 특성은 정적이지 않고 과정지향적이다. 즉 충분히 기능하는 사람은 계속적으로 변화하는 사람으로 과정 중에 있는 사람이다."라고 하였다. 로저스가 말한 충분히 기능하는 사람의 특성은 다음과 같다.

- 경험에 개방적이다.
- 실존적 삶, 즉 매순간에 충실한 삶을 영위한다.
- 자신의 유기체를 신뢰한다.
- 창조적이다.
- 제약 혹은 억제 없이 선택의 사유를 가신다.
- 어려움에 직면할 수 있다.

충분히 기능하는 사람이 어떤 사람인가에 대해 로저스가 'On Becoming a Person'에 기술한 내용은 다음과 같다.

- 사람들과의 관계에서 내가 아닌 방식으로 행동하는 것이 결국에 도움이 되지 않는 것을 발견해왔다.
- 나 자신을 수용적으로 경청하고, 나 자신일 수 있을 때에 더욱 효율적임을 발견한다. 신기한 역설은 내가 있는 그대로의 나를 수용할 때 내가 비로소 변화한다는 것이다.
- 다른 사람을 이해하려고 나 자신을 개방했을 때 그것이 매우 큰 가치가 있음을 발견해왔다.
- 내가 충분히 개방적일 때 타인이 나에게 자신의 감정 및 사적인 지각세계를 털어놓는다는 것을 목격해왔다.
- 다른 사람을 수용할 수 있는 능력이 매우 보상적임을 발견해왔다.
- 나와 타인의 현실에 더욱 개방적일수록 서둘러 일을 해결하려는 욕심이 줄어든다는 것을 발견한다.

- 나의 경험을 신뢰할 수 있다.
- 타인의 평가는 나를 위한 지침이 아니다.
- 경험은 나에게 최고의 권위이다.
- 경험에서 질서를 발견하며, 나는 그것을 즐긴다.
- 외부에서 일어나는 일들은 내게 우호적이다.
- 가장 인간적인 것이 가장 일반적이다.
- 사람들이 기본적으로 긍정적 경향성을 가진다는 것을 경험을 통해 목격해왔다.
- 삶은 진행되는 과정이며 아무 것도 고정되어 있지 않다.

3) 인간중심 접근 영화

제목: 굿 윌 헌팅, Good Will Hunting(1997)
제작: 미국, 1998년 3월 21일 개봉
    15세 이상 관람가
감독: 구스 반 산트
출연: 맷 데이먼, 로빈 윌리암스
내용:
수학, 법학, 역사학 등 모든 분야에 재능이
있는 윌은 천재적인 두뇌를 가지고 있지
만 어린 시절 받은 상처로 인해 세상에 마
음을 열지 못하는 불우한 반항아이다.
윌의 재능을 알아본 MIT 수학과 램보 교수
는 대학 동기인 심리학 교수 숀에게 그를
부탁하게 되고, 거칠기만 하던 윌은 숀과
함께 시간을 보낼수록 상처를 위로 받으
며 조금씩 변화하기 시작한다.

영화에 관하여

　MIT 대학의 존경받는 석학이자 수학과 교수인 램보는 아주 어려운 수학 문제를 출제한 후 누구든 이 문제를 푼다면 부와 명예가 보장되는 기회를 주겠노고 선언한다. 대학원생뿐만 아니라 그 누구도 풀기 어려운 문제였다. 얼마 지나지 않아 램보는 답이 적혀 있는 칠판을 보고 깜짝 놀라며 또 다른 문제를 낸다. 칠판 앞에 누군가가 문제를 풀고 있었고 수소문 끝에 알아낸 사람은 학생이 아닌 그 학교에서 청소 일을 하고 있는 월이라는 청년이었다. 월은 학교 정규과정을 밟지 않았지만 역사, 법학, 문학은 물론이고 수학문제라면 못 푸는 문제가 없을 정도로 천재다.

　램보가 그를 찾았을 때 월은 어릴 때 자신을 괴롭히던 카마인을 두들겨 패고, 경관을 폭행하는가 하면 절도, 사기죄 등 여러 번의 전과 기록으로 인해 복역을 할 처지에 몰리게 된다. 램보는 5만 달러의 보석금을 내고 석방시키는 대신에 두 가지 제안을 한다. 정기적으로 만나 수학문제를 풀 것, 정신과 치료를 받을 것이다. 월의 마음을 치료하기 위해 정신과 의사, 교수, 심령술사 등 여러 명이 월과 만났지만 모두가 혀를 내두르고 진척이 없었다.

　램보는 자신의 대학 동창이자 심리상담가인 숀을 소개한다. 월을 대하는 숀과 램보의 태도는 다르다. 램보는 월의 재능을 알고 천재적인 능력을 발휘할 수 있는 기회를 주려고 하지만, 먼저 방향을 설정한 뒤 끌고 가야 할 것이라 생각한다. 그러나 숀은 방향 제시와 조작은 별개로 자신의 미래는 스스로 결정하게 해야 한다고 말한다. 이처럼 숀은 윌을 자기 방식대로 끌고 가거나 윌의 행동과 말을 분석하려 하지 않았고, 그의 말에 귀 기울이며 수용하는 자세를 보였다. 윌이 자신의 아픔과 상처로 인해 단단하게 닫은 문을 스스로 열고 나올 수 있도록 기다려준다. 심지어 상담에 응하지 않겠노라 선언하는 윌의 선택도 존중해주었다. 한 인간을 무조건적으로 존중과 사랑으로 대접하면서 있는 그대로 수용할 때, 완전히 기능하는 개인이 된다고 주장했다.

상담 중에 윌과 숀은 마주보고 있다. 그리고 잠시 침묵이 흐른다. 상담 장면에서 침묵은 중요한 요소 중 하나이다. 윌이 말을 한다. "여자 친구가 생겼어요.". "그래, 잘 됐군." 숀은 재촉하지 않고 그저 고개를 끄덕이기도 하며 경청한다. 둘은 아무 말 없이 호숫가로 장소를 옮긴다.

내가 미술에 대해 물으면 넌 온갖 정보를 다 갖다 대겠지? 미켈란젤로를 예로 들어 볼까? 그에 대해 잘 알거야. 그의 걸작품, 정치적 야심, 교황과의 관계, 성적 취향까지도 알거야, 그치? 하지만 그가 천장화를 그린 시스티나 성당의 향기가 어떤지 너는 알겠니?

여자에 대해 물으면, 넌 네 타입의 여자들에 관해 장황하게 늘어놓겠지. 하지만 한 여인 옆에서 평화롭게 잠들었다가 눈뜨며 느끼는 행복이 뭔지는 모를 거야.

넌 강한 아이야. 전쟁에 관해 묻는다면 셰익스피어의 명언을 인용할 수도 있겠지. '다시 한 번 돌진하세, 친구들이여.'라고 하면서. 하지만 넌 상상도 못할 거다. 전우가 도움의 눈빛으로 널 바라보다 마지막 숨을 거두는 걸 지켜보는 게 어떤 것인지.

　사랑에 관해 물으면 넌 멋진 사랑의 시 한 수 읊겠지만 한 여인에게 완전한 포로가 되어 본 적은 없을걸…. 한 여인의 천사가 되어 사랑을 지키는 것이 어떤 건지 넌 몰라. 그 사람은 그 어떤 역경도 심지어 암조차 이겨내지. 죽어가는 아내의 손을 꼭 잡고 두 달이나 병상을 지킬 땐, 더 이상 환자 면회시간 따윈 의미가 없어져. 진정한 상실감이 어떤 건지도 넌 몰라.

　내 눈엔 네가 지적이고 자신감 있기 보다는 오만에 가득한 겁쟁이 어린애로만 보여. 그 누구도 네 지적 능력의 한계를 측정하지 못해. 그런데 넌 그림 한 장 달랑 보곤 내 인생을 다 안다는 듯 말할 수 있을까?

　숀은 책에서 얻은 정보로민 세성을 말하는 윌에게 정보만으로는 한 사람의 삶을 다 알 수가 없다고 말하며 자신이 누구인지, 앞으로 어떻게 살고 싶은지, 자신의 목소리를 내어보라고 이야기한다. 사람은 수용 받고 소중히 여김을 받을 때, 자기 자신을 돌보는 태도를 더욱 발달시키게 됨으로써 촉진된다. 로저스는 이러한 경험이 개인의 성장을 위한 필요충분조건으로 보았으며 이는 무조건적 긍정적 존중과 공감적 이해라고 설명하였다. 즉 상담자가 내담자를 변화시키려 하기 보다는 충분히 수용적이고 공감적인 분위기를 제공하면, 내담자 스스로 긍정적인 변화를 모색하며 문제를 해결하는 존재라는 것이다.

영화에서 숀의 모습을 보면 마치 로저스를 소환한 것 같다. 비지시적, 내담자중심, 인간중심의 상담을 그대로 보여주고 있기 때문이다. 숀의 "네 잘못이 아니야."라는 10번의 흔들림 없는 메시지 전달은 윌에게 그 어느 때보다 공감 받고 위로받는 순간이 되었을 것이다. 이 영화는 로저스의 주요상담기법 중에서 특히 진솔성과 공감이 잘 표현되어 있다. 숀이 윌의 부정적 감정과 태도를 잘 버텨준 것이 상담자로서의 큰 자질로도 느껴진다. 상담의 기본과 상담자로서의 자질을 되새겨볼 수 있다는 영화임에 틀림없다.

우리가 살아가면서 듣고 싶은 말은 장황하거나 그럴싸한 미사어구로 포장된 말이 아니다. 임상 현장에서 '힘이 되는 말', '가장 듣고 싶은 말'을 적게 한 후 내용을 보면 대부분 비슷한 말들을 적는다. '너를 응원해.', '사랑해.', '고마워.', '진심으로 행복하기를 바라는 마음이야.', '잘 될 거야.', '난 언제나 네 편이야.' 등으로 크게 벗어나지 않는다. 영화 굿 윌 헌팅(Good will Hunting)에서는 한 마디로 말해준다. Good, will hunting!

Check? Check!

내담자는 이럴 때 침묵하곤 한다.

- 상담 중에 내담자 자신이 이야기한 것을 스스로 음미해보고 정리하고 싶을 때

- 내담자가 상담자에게 적대감을 가지고 저항할 때

- 자신의 말에 대하여 상담자가 해석해주거나 확인해주기를 내담자가 기대하고 있을 때

- 내담자가 자신의 생각이나 느낌을 표현하려고 하는데 말이 떠오르지 않을 때

- 감정이 너무 진하게 올라올 때

- 방어가 심할 때

2 매슬로우의 자아실현 접근

1) 매슬로우의 생애

아브라함 매슬로우(Abraham Maslow, 1908~1970)는 러시아에서 이주했고 충분한 교육을 받지 못한 유대인 부모의 일곱 자녀 중 첫째로 뉴욕시 브룩크린에서 출생하였다. 그의 가정환경은 개인적 성장을 독려하는 환경이 전혀 아니었다. 그의 아버지는 그를 별로라고 생각했고 외모를 대놓고 조롱하였다. 이런 경험은 매슬로우가 지하철을 탈 때면 다른 사람의 눈에 띄지 않기 위해 빈칸을 찾게 만들었다. 어머니는 그를 더 최악으로 대했다. 매슬로우는 자신의 어머니를 "잔인하고 무식하며 적대감으로 가득한 인물이고, 너무 미워 미칠 정도"라고 묘사하기도 하였다. 그는 가정에서나 학교에서 고립감과 외로움을 느끼며 성장하면서 책을 읽으며 혼자 시간을 보냈다. 아버지를 좋아하기는 했지만 두려워했고 어머니를 미워했다. 한마디로 그의 아동기 및 청소년기는 불행한 시기였다고 말할 수 있으나, 인생 초기에 겪은 고난이 인간 경험의 최고를 이해하려는 결심을 하게 만든 발판이기도 하였다.

매슬로우는 법을 공부하고자 대학에 들어갔으나 심리학으로 관심을 돌렸다. 그에 따르면 그때부터 진정한 자기 인생을 시작하였다. 2차 세계대전 기간 동안 매슬로우는 나치의 위협을 피해 미국으로 이주한 호나이(Karen Horney), 프롬(Erich Fromm), 아들러(Alfred Adler)등과 지적 교류를 하면서 인간으로 연구의 관심을 돌렸고, 전쟁이 초래한 고통과 고뇌에 의해 마음이 크게 움직였다. 이러한 경험과 더불어 그의 첫 아이 출생은 그가 행동주의에서 인본주의 관점으로 전환하는 계기를 마련하였다. 그는 인간의 가장 높은 이상과 잠재력을 다룰 심리학의 발달에 헌신할 것을 결심하였다. 인간이 전쟁, 증오, 편견보다 숭고한 행동을 표출할 수 있다는 것을 입증하고자 하였으며 인간 성격을 향상시키고자 하였다. 1951년부터 1969년까지 매슬로우는 브랜다이스 대학에서 심리학을 가르쳤으며 심리학 영역 및 일반 대중에게 막대한 영향력을 주는 인물이 되었다.

2) 자아실현 접근

매슬로우는 일반적으로 인본주의 심리학의 창시자 및 정신적 지주로 여겨진다. 그는 인간에 대해 결정론적 입장을 취하는 정신분석과 행동주의를 강하게 비판하였다. 그는 삶에서 가장 많은 것을 얻는 것처럼 보이는 사람들, 즉 충분히 기능하고 건강하며 잘 적응하고 발전하는 사람들의 특성에 관심을 가졌다. 인간의 건강한 면을 이해해야 비로소 정신적으로 병든 것에 대해 이해할 수 있다는 것이 매슬로우의 신념이었다.

그는 인간은 자신의 잠재력을 성장시키고, 완성시킬 수 있는 본능적 욕구를 가지고 태어난다고 보았다. 그는 인간을 "소망을 갖는 동물"이라고 묘사하면서 동기의 단계로서 욕구위계를 제안하였다. 매슬로우의 주요 공헌은 동기가 어떻게 위계적으로 조직되는가에 대한 분석과 건강한 성격에 대한 기술을 바탕으로 인간의 자아실현의 중요성을 강조한 점이다.

(1) 인간관

매슬로우는 인간행동을 설명하고 이해하려는 관점을 크게 두 종류로 구분하였다. 한 가지는 결핍(deficiency)이고 또 한 가지는 성장(growth)이다. 결핍은 기본적 욕구충족 영역에서 인간행동에 관심을 두는 반면, 성장은 가장 높은 자각의 상태 및 자아실현 욕구의 추구에서 인간행동과 경험에 관심을 둔다. 이러한 분류에 따른 몇 가지 내용은 다음과 같다.

① 결핍동기와 성장동기

결핍동기의 대표적 예는 배고픔, 고통, 공포 등으로 유기체 내에 있는 부족한 어떤 것을 충족시키려는 욕구이다. 이것은 불만족 혹은 좌절감 때문에 현재 상태를 변화하고자 하는 욕구를 형성한다. 이 욕구를 충족하려고 하는 것은 불유쾌한 상태를 피하려는 것이라기보다 성장에 대한 추구로 간주한다.

성장동기는 유기체가 일차적으로 현재 상태에서 즐거움과 만족을 느끼며 긍정적으로 가치 있는 목표를 추구하는 것을 의미한다. 성장동기는 기본적 욕구가 충족된 후 나타나는 것으로 정의, 선, 질서, 아름다움, 조화, 자기충족 등과 같은 타고난 가치에 대한 욕구로 삶을 풍부하게 하는 것이다.

② 결핍인지와 성장인지

결핍인지는 욕구가 강할 때 자주 나타난다. 이 상태에서 외적 대상은 단지 욕구충족자로, 목적에 대한 수단으로 인식된다. 매슬로우는 강한 욕구가 사고와 지각에 영향을 준다고 언급하면서 강한 욕구를 가진 개인은 단지 욕구충족과 관련하여 환경을 자각한다고 하였다. 예를 들면, 배고픈 사람은 우선 다른 것보다는 단지 음식을 찾으려는 경향을 보일 것이다.

성장인지는 환경에 대하여 더욱 정확하고 효율적인 자각이다. 기본적인 동기가 충족된 사람은 욕구에 대한 반응 시 자신의 지각을 덜 왜곡하는 경향을 보인다. 성장인지 상태에서 지각하는 사람은 지각되는 대상에 대해 독립적인 태도를 유지하며 외적 대상은 개인적 관심에 대한 관계에서보다 대상 그 자체에 가치가 부여된다.

③ 결핍가치와 성장가치

결핍가치는 구체적인 목표 대상에 지향된 가치이다. 매슬로우는 결핍가치에 대해서는 분명하게 설명하지 않았으나 성장가치에 대해서는 자세히 설명하고 있다.

매슬로우는 모든 개인은 태어날 때부터 성장가치를 가지고 태어나는데 가장 높은 가치는 인간성 그 자체 내에 존재하며 발견되는 것이라고 언급하였다. 개인은 성장가치를 충족시키지 못하면 메타병리(metapathology)에 빠지게 된다. 이것은 자아실현자들이 자신의 잠재력을 표현하고, 사용하고, 충족시키는 것을 방해한다.

④ 결핍사랑과 성장사랑

결핍사랑은 타인이 자신의 욕구를 충족시켜주기 때문에 타인을 사랑하는 것이다. 이러한 사랑은 이기적인 관심에서 비롯된 사랑으로 개인이 이런 방식으로 충족되면 될수록 결핍사랑은 강화된다. 결핍사랑은 자존감 혹은 섹스를 위한 욕구, 고독의 두려움 등에서 비롯된다.

성장사랑은 타인의 성장을 위한 사랑이다. 성장사랑을 가진 사람은 비소유적이며 이기적인 자기만족보다 타인의 행복에 더욱 많은 관심을 가진다. 예를 들면 성장사랑은 자녀교육을 하는 부모가 자녀의 행동이 자신의 기대에 부응하지 못한다할지라도 그 자체에 가치를 부여하면서 자녀를 위해 표현하는 부모의 이상적이고 무조건적인 사랑이다.

(2) 주요개념

① 욕구의 위계

다양한 욕구는 서로 밀접한 관계를 지니고 있으며 체계적으로 발달하는 경향이 있다. 매슬로우는 인간의 다양한 욕구들이 일정한 위계적 순서에 따라 발달한다고 주장하면서, 인간의 행동을 활성화시키고 이끄는 다섯 가지 타고난 욕구를 제안하였다. 그는 인간의 욕구가 종종 피라미드와 같은 그림으로 묘사되는 일종의 위계를 형성한다고 보았으며 욕구에 긴급성과 그 힘에 있어 변이가 있다는 점을 지적한다. 예를 들면, 어떤 욕구는 극도로 원시적이고 기본적이며 요구적이고(생존에 반드시 필요한), 어떤 욕구는 생존에 필수적이기는 하지만 덜 요구적이다.

욕구는 그 자체로 본능적이나 이러한 욕구를 충족시키기 위해서 우리가 하는 행동은 선천적인 것이 아니며 학습하게 되는데 이러한 이유로 사람마다 매우 큰 차이를 보이게 된다. 욕구위계에서 아래에 있는 욕구가 충족되어야만 상위욕구가 충족이 되며 모든 욕구가 동시에 생기지 않는다.

이러한 인간의 선천적 욕구는 생리적 욕구(physiological needs), 안전 욕구(safety needs), 소속감과 사랑 욕구(belonging and love needs), 존중 욕구(esteem needs), 자아실현 욕구(self-actualization needs)로, 그림으로 나타내면 다음과 같다.

매슬로우의 욕구의 위계

· 생리적 욕구: 모든 욕구 중에서 가장 강력한 욕구로 음식, 물, 호흡, 섹스, 수
면, 배설과 같은 기본적이고 생존을 위해 필수적인 것들이다. 이 욕구가 충족
되지 못한다면 다른 욕구들이 완전하게 차단될 수 있다.

· 안전 욕구: 다양한 위험을 회피하고 안전한 상태를 갈구하는 욕구를 뜻한다.
이 욕구의 만족을 위해서 안전, 안정성, 보호, 질서, 그리고 공포와 불안으로
부터의 자유가 요구된다.

· 소속감과 사랑 욕구: 생리적 및 안전 욕구가 적절하게 충족되면, 소속감과 사
랑 욕구가 생겨난다. 인간은 다른 사람과의 우정과 애정 및 타인에 대한 수용
에 대한 욕구로 친밀한 관계, 특별한 관계를 맺기를 원하며 집단에 소속되기
를 바란다. 사랑 욕구는 사랑을 주거나 받는 욕구로 다른 사람과 긴밀하고 따
뜻한 관계 속에서 충족될 수 있다. 매슬로우는 사랑과 성을 동일시하지 않았
으며 다만 성이 사랑의 욕구를 표현하는 하나의 방법이라고 하였다.

· 존중 욕구: 이전단계들이 충족되면 다음으로는 외부 평가와 자기 평가를 포함하는
존중 욕구를 갖게 된다. 이 욕구는 자신이 가치 있는 존재라는 것을 느끼고자 하는
욕구로 타인에게 인정받고 싶은 욕구를 포함한다. 이것은 전 단계에 해당하는 것

과는 다르다. 수용(acceptance)은 평가적이지 않을 수 있으나 인정(appreciation)은 평가적이다. 개인은 자신이 지닌 어떤 특성이나 자질 때문에 인정받고 존중받을 수 있다. 따라서 인정에 대한 욕구는 수용에 대한 욕구보다 더욱 정교(elaborate)하다. 매슬로우는 참된 자아존중은 자신의 능력과 경쟁력에 대한 현실적인 판단 위에 기초해야하며, 좋은 평가는 개인의 노력 위에 얻어지는 것이라고 하였다.

• 자기실현 욕구: 위계의 가장 상위에는 자기실현 욕구가 있다. 이는 개인이 될 수 있는 무엇이든지 되고자 하는 경향성, 즉 자기 능력의 한계까지 자신을 확장하려는 경향성을 의미하며 이것을 인간 동기의 정점이다. 매슬로우는 모든 인간은 삶에서 사신의 잠새력을 충족시킬만한 사아실현의 기회를 가지고 있으며 자아를 실현하기 위해서는 많은 전제조건이 필요하다고 하였다. 첫째는 사회와 자기 자신의 구속으로부터 자유로워야 하며, 둘째는 욕구위계에서 하위에 있는 욕구들이 먼저 충족되어야 하지만 생리적 욕구나 안전의 욕구에만 집착해서는 안 된다. 마지막으로, 무엇보다도 자신의 강점과 약점, 선악에 대한 현실적 지식을 갖추어야 한다.

② 자기실현과 자기실현적 인간

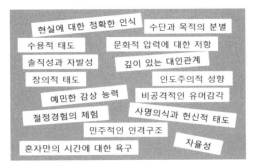

자기실현적 인간의 15가지 특성

매슬로우는 욕구위계에서 자기실현을 가장 높은 욕구에 위치시켰다. 그는 자기실현을 '개인이 잠재적으로 지니고 있는 것을 충분히 발현하려는 경향'이라고 정의했다. 자기실현은 결핍을 채우기 위한 욕구가 아니라 성장을 추구하는 욕구로서 개인의 포부와 야망을 성취하는데 기여한다. 또한 매슬로우는 창조적 업적과 인격적 성숙을 통해 자아실현을 이룬 세계적인 위인들의 삶을 분석하여 자기실현적 인간의 15가지 특성을 추출하였다. 이러한 위인들은 완벽한 사람이 아니며 15가지 특성을 빠짐없이 지니고 있지는 않았지만, 대부분 신경증적인 갈등으로부터 자유로운 건강한 성격특성을 지니고 있었다.

3) 매슬로우의 자아 실현 영화

제목: 김씨 표류기,
　　　　Castaway On The Moon(2009)
제작: 한국, 2009년 5월 14일 개봉
　　　　12세 이상 관람가
감독: 이해준
출연: 정재영, 정려원
내용:
자살시도 실패로 한강의 밤섬에 불시착한 남자. 죽는 것도 쉽지 않자 일단 섬에서 살아보기로 한다. 모래사장에 쓴 HELP가 HELLO로 바뀌고 무인도 야생의 삶도 살아볼 만하다고 느낄 무렵. 익명의 쪽지가 담긴 와인병을 발견하고 그의 삶은 알 수 없는 희망으로 설레기 시작한다.

자신의 좁고 어두운 방이 온 지구이자 세상인 여자. 홈피 관리, 하루 만 보 달리기는 그녀만의 생활리듬이다. 유일한 취미인 달 사진 찍기에 열중하던 어느 날, 저 멀리 한강의 섬에서 낯선 모습을 발견하고 그에게 리플을 달아주기로 하는 그녀. 3년 만에 자신의 방을 벗어나 무서운 속도로 그를 향해 달려간다.

영화에 관하여

도심을 바로 앞에 두고 섬에 홀로 갇힌 남자 김씨. 살고 싶다는 욕망에 무릎을 꿇고, 모래사장에 쓴 HELP가 HELLO로 바뀌게 된다. 무인도에서 홀로 야생의 삶을 살아가도 괜찮다고 느낄 무렵에 익명의 쪽지가 담긴 와인 병을 발견하고 그의 삶은 알 수 없는 희망으로 설레기 시작한다.

가족들과 함께 살아가고 있지만 자신의 방에 갇혀 있는 여자 김씨는 컴퓨터를 통해서만 세상과 소통한다. 다른 사람들의 미니홈피에서 가져온 사진이 마치 자신인 듯 사이버 세상에 올려놓고 댓글로 자신의 존재를 확인받고 싶어 하는 세상에 낯선 모습이 들어오게 된다. 그리고 지구를 찾아온 외계인이라 확신한 그에게 리플을 달아주고자 3년 만에 한밤중 자신의 방을 벗어나 한강 밤섬에 와인 병을 던져주게 된다. 가상 세계에서만 살아가는 여자 김씨의 삶은 일종의 가짜의 삶 즉, 살아있지만 죽어 있는 삶을 대변하고 있다. 한 평 방에 갇혀 있는 외톨이를 히키코모리라고 한다. 남자 김씨는 여자의 바깥세상에 있고 여자 김씨는 남자의 바깥세상에 있다. 이들이 속해 있는 세상과 이들이 바라보는 세상은 정반대이지만 이 둘에게 바깥세상은 두려우면서도 나가고 싶은 곳이라는 공통점을 지니고 있다. 도시에서 고립된 주인공 남자 김씨와 히키코모리인 여자 김씨는 소통 부재의 상태에 빠진 소외된 현대인들의 모습을 은유하고 있다.

영화 '김씨 표류기'와 아주 비슷한 메시지를 전달하는 영화로, '캐스트 어웨이'가 있다. 주인공 톰 행크스는 비행기 사고로 무인도에 불시착하여 4년을 홀로 지내게 되는데 이런 '로빈슨 크루소'류의 영화는 아무도 없는 곳으로 도피하고 싶은 것은 인간의 로망이고, 다시 사람들 속에 편입되고 싶어 하는 것 역시 인간의 로망이라는 것을 말해준다. 무인도에 불시착한 주인공 영화 속 김씨처럼 처음에는 먹고 사는 문제에 매달리지만, 이것이 해결되자 배구공에 자신의 피로 얼굴을 만든 다음 윌슨이란 이름의 친구로 삼고 혼자서라도 스스로에게 소통을 하려고 한다. 아마 영화 김씨표류기가 아주 보편적인 인간을 상징하는 '김씨'라는 성을 쓴 것도 이러한 보편적인 인간의 동기와 그 위계, 그리고 그 위계를 통해 진화하는 인간의 모습에 관해 이야기하려 했던 것 같다.

　남자김씨가 붉은 사루비아 꽃을 맛보고 눈물을 흘렸을 때처럼 여자 김씨는 어느 집 담벼락 가로등불 아래 하얗게 피어있는 정체 모를 아름다운 붉은 꽃나무에 눈물을 흘리게 된다. 이후 처음으로 엄마에게 말을 걸고, 인스턴트 옥수수 캔에 진짜 옥수수 씨앗을 심으면서 남자 김씨의 가상 세계도 점차 실제로 바뀌게 된다. 인스턴트 그린 자이언트 옥수수가 진짜 옥수수가 되고, 오뚜기란 이름이 적혀있는 깡통으로 만든 허수아비나 가짜 오리 같은 두 사람은 진짜 오뚝이처럼, 진짜 백조처럼 다시 일어서게 된다. 결국 살아있다는 것은 숨을 쉬고 있다는 것이다. 마치 도심 속 외계인과도 같았던 두 김씨는 어쩌면 우리네 지독한 고독과 외로움을 블랙유머로 감싸 안은 것처럼 보인다. 김씨 표류기 속에 표류하고 있는 인간의 소통 부재는 내가 먼저 타인에게 손을 내밀고, 말을 건네야하는 소통이야 말로 지금 이 시대에 필요한 삶의 양식이 아닌가 묻는다. 인간에 대한 구원은 사랑을 통해서, 그리고 사랑 안에서 실현되기 때문이다.

 # 매슬로우의 욕구 위계에서 바라본 관점

　앞서 언급했듯 매슬로우는 인간의 욕구는 타고난 것이고, 욕구의 강도와 중요성에 따라 5단계로 나뉜다고 하였다. 1단계 생리적 욕구, 2단계 안전에 대한 욕구, 3단계 애정과 소속에 대한 욕구, 4단계 자기존중의 욕구, 5단계 자아실현의 욕구이다. 영화 속 주인공 남자 김씨는 무인도에 불시착하자 욕구 1단계인 먹고 마시는 생존 욕구로부터 옥수수를 따고 반죽을 해서 드디어 짜장면을 만들어 먹는 것을 통해 자아실현의 경험을 하게 된다.

　a. 매슬로우 1단계–생존의 욕구
　사루비아, 자장면: 삶을 포기하고 죽으려했던 남자 김씨는 사루비아 꽃잎을 빨아 먹으며 살고자 하는 의지를 표현하는가 하면 자장면의 스프를 통해 살고자 하는 욕구가 생기게 되고 씨앗을 심는다.

b. 매슬로우 2단계-안전의 욕구

오리배: 섬을 뒤져 자신만의 안전한 집(오리배)을 만들어 위험에 노출되지 않도록 안전한 공간을 만든다.

c. 매슬로우 3단계-소속감과 사랑의 욕구

허수아비: 혼자 있는 상황에서 자신의 옷을 허수아비에게 입혀 친구처럼 관계를 맺는다. 소속과 사랑을 받고 싶은 욕구를 허수아비를 통해 느낀다.

d. 매슬로우 4, 5단계-존중과 자아실현의 욕구

옥수수: 자신이 직접 재배한 옥수수를 통해 자장면을 만들어 자기 자신에게 할 수 있다는 자긍심과 함께 누군가에 입증해내는 사아실현의 경험을 한다.

CHAPTER 02

실존주의

1 실존주의적 접근

실존주의적 접근은 특정 이론가에 의해서 주창된 이론이기보다는 여러 실존주의 철학가들에 의해 제시된 실존주의 철학을 상담에 적용하고자 한 시도로 이해하는 것이 타당하다. 실존주의 철학이란 인간 존재에 주어진 궁극적 속성인 실존(existence)에 대한 탐구를 기본으로 하며 죽음, 자유, 고독, 무의미와 같은 존재의 궁극적인 문제를 다루는 동시에 이를 직면함으로써 삶을 적극적으로 선택하고 의미를 발견하는 진실한 삶을 살게 하는 실천철학이라고 할 수 있다.

1) 철학적 배경

실존 심리학자들의 사고는 19세기의 많은 철학자들과 저자들에 의해 영향을 받았다. 실존주의 철학은 유한보다 무한, 개별보다는 보편, 시간보다는 영원을 추구하는 전통적인 이론적 철학의 추상성을 배격하고 인간 삶의 맥락에 뿌리고 있는 실천 지향적인 철학이다. 실존철학자들의 주장은 다양하나 모두 인간의 '실존'을 가장 주된 관심사로 삼았다는 점에서 공통점을 지닌다. '본질'은 어떤 실체를 다른 것과 구별하게 만드는 보편적이고 불변적 속성이라 하면, 이에 반해 '실존'은 한 실체가 지니는 특별하고 구체적인 속성으로서 그 실체가 세상과 관계 맺는 독특한 방식을 의미한다.

(1) 쇠렌 키에르케고르(Søren Kierkegaard, 1813~1855)

- 순수한 객관성은 달성 불가능할 뿐만 아니라 바람직하지도 않고 비도덕적이라고 주장하면서 인간은 자신만의 주관적 진리에 대한 관심이 필요하다고 강조하였다.
- 삶의 선택과 관련하여 개인의 불안에 깊은 관심을 가졌고 불안을 인간의 기본 조건이자 진실한 삶을 살게 하는 바탕이라고 하였다.
- 불안과 불확실성은 인간이 피할 수 없는 운명이며, 우리의 과제는 선택과 결단을 통해서 우리 자신의 삶을 창조하는 것이다.

(2) 프리드리히 니체(Friedrich Nietzsche, 1844~1900)

- 인간의 주관성을 강조하였으며 비합리성 역시 중요함을 역설하였다.
- 인간은 합리적 지성에 따라 행동하는 존재가 아니라 권력에의 의지에 휘둘리는 존재이며, 인간의 삶은 권력을 위한 투쟁이다.
- 인간을 노예로 만드는 강요된 도덕에 허우적대지 않고 인간 본연의 모습을 되찾을 때 잠재된 창조성과 독창성이 발현될 수 있다.

(3) 마틴 하이데거(Martin Heidegger, 1889~1976)

- 우리는 '세상 속에' 존재하므로 스스로를 우리가 내던져진 세상과 동떨어진 것으로 생각하고자 해서는 안 된다는 것을 상기시킨다.
- 인간은 죽음을 향한 존재로서 자신의 죽음과 관계를 맺지 않고는 존재할 수 없다.
- 하이데거가 제시한 현상학적 실존주의는 과거의 사건에 초점을 두지 않고 아직 다가오지 않은 미래의 '진정한 경험'을 기대하도록 동기 부여하는 인간 역사에 관한 관점을 제공한다.

(4) 마틴 부버(Martin Buber, 1878~1965)

- 인간은 일종의 '중간'에서 살고 있다고 말한다. 즉, 결코 단순한 나는 없고, 항

상 타자가 우리의 존재 가운데 있다는 것이다.

- '나－너'의 관계: 두 존재가 순수하고 진실되게 만나는 상호적인 대화적 만남이다.
- '나－그것'의 관계: 상대방이 관념적 표상으로 대상화되어 존재하며 그 대상이 자신의 관심사에 어떻게 도움이 될 것인지의 측면에서 관계를 맺는다.
- 따라서 상대방을 어떤 목적을 위한 대상으로 여기지 않으며 관계가 충분히 상호적일 때, 우리는 대화 형식의 온전한 인간으로 존재할 수 있다.

(5) 장 폴 사르트르(Jean－Paul Sartre, 1905~1980)

- 우리의 과거 전체와 현재 사이의 공간(무)의 존재는 우리가 무엇이 될 것인지를 자유롭게 선택하게 한다.
- 우리가 선택하는 것이 우리의 가치이고 자유와 선택을 인정하지 않는 것은 감정적인 문제를 야기한다.
- 자유는 불만을 야기하기 때문에 쉽게 직면하기 어렵고, 따라서 '내 과거의 조건들 때문에 지금은 변화할 수 없다.'고 말하며 변명(잘못된 믿음, bad faith)을 만들어내는 경향이 있다고 하였다.
- 사르트르의 관점에서는 모든 순간, 우리는 행동으로 어떤 사람인지를 선택한다.
- 우리의 실존은 결코 고정되는 것이 아니라 우리의 모든 행동 하나 하나가 새로운 선택들이다.

2) 실존주의 개념

(1) 주요학자-롤로 메이와 어빈 얄롬

핵심과정과 인간관이 실존주의 철학에 뿌리를 내리고 있으며 여러 실존철학자의 사상에 토대를 두고 있기 때문에 단일한 실존주의 창시자를 논하기는 어렵다. 따라서 실존적 심리치료를 널리 알리는 데 큰 공헌을 한 롤로 메이, 그리고 다양한 저술을 통해 실존치료에 관하여 포괄적이고 체계적인 논의를 시도한 어빈 얄롬을 토대로 실존주의의 개념을 살펴보고자 한다.

① 롤로 메이(Rollo may, 1909~1994)

미국 오하이오에서 행복하지 못한 가정, 6남매의 장남으로 출생하였다. 부모님은 늘 불화로 다투다 이혼하였으며 여동생 한 명은 정신분열증을 앓았다. 어머니는 자녀들을 돌보지 않고 자주 집을 비워 장남인 메이가 동생들을 돌봐야 하는 막중한 책임감을 느끼며 어린 시절을 보냈다. 대학에서 영문학 전공, 그리스에서 교사생활을 하기도 했으며 휴가 차 방문한 비엔나에서 아들러가 진행하는 세미나에 참석하여 정신역동치료에 대한 공부를 하기도 했다. 다시 미국으로 돌아와 신학을 공부한 메이는 고통 받는 사람들에게 도움을 줄 수 있는 최선의 방법은 신학이 아닌 심리학이라고 생각하여 컬럼비아 대학교에서 임상심리학 박사과정에 진학하였다. 그는 박사 학위를 취득하는 동안 결핵에 걸려, 2년 동안 요양소에서 실존철학사들의 책들에 심취하면서 불안에 대한 실존적 측면을 인식하게 되었다. 회복 기간 동안 메이는 불안의 본질에 대하여 직접 경험하며 배우는 시간을 가졌다.

이후 '불안의 의미'를 발간하여 불안을 개인이 자기 존재에 핵심적으로 중요하다고 여기는 가치들이 위협 받을 때 촉발되는 두려움이라고 규정하고 있다. 메이는 상담자들이 내담자들로 하여금 삶의 의미를 발견하도록 돕는 데 목표를 둬야 하며 피상적 문제의 해결보다는 실존적 문제에 관심을 갖도록 해야 한다고 주장했다. 또한 그는 실존적 불안 속에서 죽음을 기다리는 수동적 삶을 살기보다 주체적으로 자신의 존재 의미를 발견하고 추구하는 삶으로 나아가도록 도와야 한다고 주장했다. 메이는 실존철학과 인본주의 심리학을 접목하여 심리치료에 적용한 주요한 인물로 간주되고 있다.

② 어빈 얄롬(Irvin Yalom, 1931~)

워싱턴에서 출생하였으며 그의 부모는 러시아계 유대인이었다. 그의 부모는 가난하고 폭력이 난무하는 지역에서 채소장사를 하며 살았기 때문에 얄롬은 어린 시절을 밖에는 도통 나가지 못하고 집안에서 책을 읽으며 보내야 했다. 이후 얄롬은 존스홉킨스 의과대학에서 정신의학을 전공하여 전문의가 된 후 스탠퍼드 대학에서 정신과 교수로 재직해왔으며 실존적 심리치료의 모델을 개발하는 데 노력해왔다.

그는 '실존주의 심리치료'를 출간하여 비논리적이고 모호한 것으로 간주되었던 실존치료에 이론적 체계를 제공하였다. 얄롬은 인간에게는 고독, 무의미, 유한성, 자유라는 네 가지 실존적 조건이 주어져 있으며, 인간은 이러한 조건에 대해 다양한 방법을 통해서 적응적 또는 부적응적으로 반응할 수 있다고 하였다. 얄롬은 다양한 정신병리가 네 가지의 실존적 주제와 밀접하게 관련되어 있으며 심리치료는 이러한 주제에 초점을 맞추어 진행되어야 한다고 주장하고 있다. 또한 그는 '지금 여기'의 치료적 관계를 통해 내담자의 대인 관계적 세계를 탐색하고, 치료자들은 특히 내담자에 대해 겪는 경험들에 있어서 정직해야 한다고 믿는다.

(2) 인간관

실존주의 상담이론은 현상학과 실존주의 철학에 기반을 두고 인간 삶의 문제를 실존적 입장에서 바라보고자 하는 접근이다. 인간은 정신분석적 접근과 행동주의적 접근으로는 설명할 수 없는 인간 특유의 존재방식을 가지며, 이러한 존재방식이 바로 실존이다. 실존주의 접근은 실존에 직면함으로써 생기는 갈등을 인간의 내적 역동의 핵심으로 보았고 인간본성에 대해 다음과 같은 실존적 가정을 가진다.

① 자기인식 능력을 가진 존재

인간은 자기에 대한 인식을 하는 존재이다. 인간은 자기인식 능력으로 인해 자기 존재와 삶에 대해서 성찰하고 선택할 수 있다. 인간은 다른 동물과는 달리 스스로의 존재에 대해 인식하며 이러한 지속적인 인식과정은 인간이 주체적이며 스스로에 대해 책임지는 존재임을 강조한다. 이 상태는 인간이 존재의 연약성에 대해 인식하는 것 뿐만 아니라 자신의 존재에 대한 책임을 인식하는 것을 말하며, 이러한 상태에서만이 인간은 자신을 변화시킬 수 있는 힘을 가지게 된다.

② 실존적 불안을 지니고 살아가는 존재

인간이 처한 실존상황의 주된 네 가지 특성은 죽음(유한성), 고독(분리성), 무의미
(무목적성), 자유(불확실성)다. 자신의 실존적 상황에 대해 느끼는 인간의 근본적인
불안이 실존적 불안이다. 실존적 불안은 모든 인간이 필연적으로 경험하는 필수조
건이지만 이러한 실존적 가정을 깨닫는 것은 역설적으로 우리가 진정으로 삶을 살
아가도록 하는 조건이기도 하다.

③ 선택의 자유와 책임을 지닌 존재

인간 실존의 특성은, 이 세상에 우연히 내던져진(被投的) 존재로 주어진 상황 속
에서 살아가야 한다. 하지만 우리 삶의 특징이 우연성과 피투성이라는 것을 자각
하며, 과거와 현재 그리고 미래의 연속선상에서 인간 자신의 영향력을 의식하는데
있다. 인간은 비록 유전, 환경, 문화에 의해 제약받는 존재이긴 하지만 이러한 외
적 영향에 의해 전적으로 결정된 존재도 아니다. 인간은 주어진 환경의 희생자가
아니라 선택에 의해 자신의 삶과 운명을 결정하는 주인이다. 하지만 어떤 경우에
는 우리는 자신의 과거 환경을 탓하고 선택의 자유를 포기하며 스스로에 대한 책
임에서 벗어나고자 한다. 그러나 실존주의적 관점에서 볼 때 이러한 선택의 회피
는 결국 자신의 실존을 부인하는 것일 수 있다.

④ 세계-내-존재

인간은 고유한 주관적 세계 속에서 이해되어야 한다. 세계는 우리 자신의 구성
물이기 때문에 개인을 이해하기 위해서는 그가 구성하는 주관적 세계를 이해해야
한다. 주관적 세계란 물리적 환경, 타인, 그리고 자신과의 관계를 반영하는 다양한
양식의 세계이다. 인간은 세계-내-존재(being-in-the-world)이며 여기에서의
세계란 개인이 그 안에 존재할 뿐만 아니라 그것의 구성에 참여하는 의미 있는 관
계를 뜻한다. 이 양식을 이해하는 것은 자기정체성과 더불어 타자와의 관계양식,
즉 사랑에 대한 경험을 이해하는 데 중요하다.

⑤ 삶의 의미와 목적을 추구하는 존재

인간은 스스로 자신의 삶의 의미를 추구하는 존재다. 우리의 삶은 정해진 계획이나 의미가 없기 때문에 개인은 자신의 의미를 스스로 창조해야한다. 삶의 의미와 목적은 인생의 방향키와 같은 것이며 중요한 원동력이 된다. 실존적 접근에서는 인간이 의미를 발견하도록 돕는 일에 깊은 관심을 가진다.

(2) 주요개념

① 자유와 책임

자유는 우리의 삶, 행동하는 것, 그리고 행동하지 않는 것에 대해 자신에게 책임이 있다는 의미이다. 그리고 책임은 자신의 선택이 자기 자신에게 있다는 것과 정직하게 자유를 누리는 것으로 설명될 수 있다. 앞에서 언급한 것처럼 인간은 비록 자신의 의지와 상관없이 던져졌지만 그 이후의 삶에 대해서는 스스로의 선택의 자유가 있으며, 그러한 선택에 대해서 책임을 져야한다. 메이(1981)는 자유란, 그 특성이 특별히 규정되어 있지 않으므로 서로 다른 방향으로 나타날 수 있다고 보았다. 즉 인간은 스스로 자신의 삶을 풍부하게 만들고, 발전가능성을 최대한 발휘하며 살아갈 수도 있고, 또는 삶에서 철수하거나 외부와 단절하고 자신의 성장을 외부에 맡긴 채 살아갈 수도 있다.

② 실존적 소외

실존적 소외는 우리가 인간관계에서 느끼는 소외나 자기 자신의 내적소외(자기 자신의 특정부분으로부터의 고립)가 아니라 더욱 근본적인 소외를 말한다. 즉 실존적 소외는 다른 어떤 종류의 소외도 초월한 피조물과 세상으로부터의 소외를 말한다. 우리는 서로 아무리 가깝다고 하더라도 궁극적으로는 혼자일 수밖에 없다. 인간은 각자의 실존에 혼자 존재하며 혼자 떠나야 한다. 따라서 인간이 절대적으로 혼자라는 사실에 대한 알아차림, 누군가로부터 보호받고 함께 있고자 하는 소망 사이에서 발생하는 긴장에서 실존적 갈등이 발생하게 된다. 얄롬(2007)은 실존적 소외는 개인이 아무리 노력해도 타인과 연결될 수 없는 간격이나 인간과 세계의 근본적인 분리를 의미하며, 타인과 진정한 관계를 형성하기 이전에 자기 자신과의 온전한 관계 형성, 즉 실존적 소외를 자각하고 수용할 수 있어야 한다고 말한다.

③ 무의미

인간 실존의 중요한 특성 중 하나는 절대적인 근거가 없다는 것이다. 절대적이라고 할 수 있는 유일한 것은 바로 절대적인 것이 없다는 것이고 인간이 자기 존재의 의미를 발견할 수 있는 절대적인 근거도 없다. 이러한 무의미성(meaninglessness)은 실존적 불안과 우울의 원천이다. 인간은 각자의 삶에서 자신의 의미를 창조하고, 스스로 만든 의미에 따라 삶을 만들어 가야한다.

④ 죽음

죽음은 인산이 피할 수 없는 확실한 미래이며 개인의 존재를 무력화한다. 격렬한 실존적 불안을 야기하는 죽음의 공포에 대처하기 위해 개인은 죽음을 자각하지 않기 위한 방어적 노력을 기울인다. "죽음에 대한 공포는 죽음을 회피하는 사람에게는 무력감을 초래하지만, 죽음의 불가피성을 수용하는 사람은 회피로부터 유래하는 진부한 삶으로부터 해방될 수 있다는 점에서 역설적 특성을 지니고 있다." 실존주의에서는 대부분의 정신병리, 부적응적 성격과 증상은 죽음에 대한 개인적 공포에 그 뿌리를 두고 있다고 말한다. 즉 존재를 지속시키고 싶은 소망과 죽음은 불가피한 것이라는 인식은 어떤 식으로든 인간의 실존에 깊은 영향을 미친다. 실존주의자들은 죽음을 삶의 의미를 부여하는 인간의 기본조건으로 여기며 삶이 시간의 제한을 받기 때문에 오히려 의미를 가지고 있다고 말한다.

⑤ 진실한 인간

진실로 존재한다는 것은 우리를 정의하고 긍정하는 데 필수적인 것들이라면 어떤 것이든지 한다는 것을 의미한다. 진실한 개인은 인간의 실존적 조건들을 회피하지 않고 직면하며 수용하고 자신의 삶에 대한 선택의 자유를 충분히 누리는 동시에 그에 대한 책임을 진다. 그들은 자신의 삶에서는 의미를 발견하고 창조하는 존재의 용기를 가진 사람들이며, 타인과의 관계에서는 친밀감을 추구하며 자신의 사회와 환경에 대해 깊은 관심을 가진다.

진실한 개인의 특성	진실하지 못한 개인의 특성
• 가치관과 목적이 그들 자신의 것이다.	• 다른 사람들의 가치관에 기초한 목적을 가지며, 자신에게 중요한 것이 무엇인지에 대한 의식이 약하다.
• 사회적 상호작용에서 친밀함을 지향한다.	• 사회적 상호작용에서 피상적인 관계에 더 관심을 보인다.
• 넓은 의미에서 사회와 사회 기관에 깊은 관심을 보인다.	• 사회와 사회 기관에 관심이 없다.
• 자신을 인식하며 융통성 있고 변화에 개방적이다.	• 자신을 제대로 인식하지 못하고 융통성이 없고 변화에 폐쇄적이다.
• 자유, 책임, 죽음, 고독, 의미와 관련된 문제에 대한 실존적 불안을 경험한다.	• 기회상실에 대해 죄책감을 느끼고, 변화 혹은 모험적 결단을 내릴 수 있는 용기를 가져 보지 못함으로 인한 비겁함을 겪는다.
• 불안을 야기하는 실존적 위기를 기꺼이 겪는다.	• 불안을 야기하는 실존적 위기를 겪기보다는 위기를 다루는 데 있어 정신병리와 부적응적 방법을 택하는 경향이 있다.

3) 실존주의 접근 영화

제목: 체리향기, The Taste Of Cherry(1997)
제작: 이란, 1998년 1월 1일 개봉
　　　12세 이상 관람가
감독: 압바스 키아로스타미
출연: 호마윤 엘샤드,
　　　아브돌라만 바그헤리
내용: 한 남자가 자동차를 몰고 황량한
벌판을 달려간다. 그는 지나치는 사람
들을 눈여겨보며 자신의 차에 동승할
사람을 찾는다. 그가 찾고 있는 사람은
수면제를 먹고 누운 자신의 위로 흙을
덮어 줄 사람이다.
영화 체리향기의 감독 압바스 키아로
스타미는 제작·감독·각본·편집으로
1인 4역을 맡았다. 체리향기는 1997년
에 제작되었는데 이란 정부의 출국금지로 인해 1997년 칸 영화제 공식상영작 리스트에
오르지 못하다가 폐막되기 3일 전에 출품하여 황금종려상을 획득하였다. '내 친구의 집
은 어디인가?(Where is the Friend's Home?, 1987)'가 우정 영화라면, '올리브 나무 사
이로(Through the Olive Trees, 1994)'는 사랑이고 체리향기는 희망의 메시지를 전하고
있다.

영화에 관하여

"여보세요, 거기 누구 없소."

　황량한 벌판을 달리는 남자, 누군가를 열심히 찾는 이 사람의 이름은 바디다. 오
로지 '죽음'이라는 생각으로 가득 찬 바디는 자신의 죽음 위에 흙 몇 삽을 덮어줄

누군가를 애타게 찾으며 길을 나섰다. 돈은 얼마든지 주겠다며 자동차를 몰고 자신을 묻어 줄 사람을 찾아다니다가 군인을 만난다. 근무를 위해 먼 거리를 걸어오던 그에게 도움을 청해보지만 겁에 질린 채 창문을 열고 도망쳐 버린다. 아프가니스탄 출신의 신학생을 만나 또 부탁을 하지만 신의 섭리에 어긋나는 종교적인 이유로 거절을 할 뿐만 아니라 자살이란 신 앞에 죄악이라며 그를 설득까지 한다. 신학생에게 바디는 '내가 살아서 남들을 괴롭히면 그건 죄가 아니고, 그걸 참다못해 목숨을 버리는 건 죄냐고 되묻기도 한다.' 단호하게 거절만 당하고 가던 중 박물관에서 새의 박제를 만드는 한 노인이 그의 제안을 흔쾌히 수락한다. 옳은 일이 아니란 것을 당연히 알고 있지만 도움을 주겠다고 약속까지 한다.

함께 황량하고 구불구불한 길을 따라 차를 타고 가는 동안 노인은 자신이 지나온 삶의 여정은 소소하지만 작은 기쁨이었노라고 말하면서 노인 역시 결혼 직후 온갖 어려운 일들이 산적해 있었다며 자살을 시도했던 자신의 경험담을 바디에게 담담하게 들려준다.

어느 날 아침 새벽동이 트기 전에 차에 밧줄을 실었어요.
난 자살하기로 굳게 마음먹었죠.
난 미아네를 향해 출발했어요.
그때가 1960년이었죠.
난 체리 나무 농장에 도착했어요.

그 곳에 도착했을 때까지도 해가 뜨지 않았죠.

난 나무에 밧줄을 던졌지만 걸리지가 않았어요.

계속해서 던졌지만 소용이 없었어요.

그래서 난 나무 위로 올라가 밧줄을 단단히 동여맸어요.

그때 내 손에 뭔가 부드러운 게 만져졌어요.

체리였죠.

탐스럽게 익은 체리였어요.

전 그걸 하나 먹었죠.

과즙이 가득한 체리였어요.

그리곤 두 개, 세 개를 먹었어요.

그때 산등성이에 태양이 떠올랐어요.

정말 장엄한 광경이었죠.

그리곤 갑자기 학교에 가는 아이들의 소리가 들렸어요.

그 애들은 가다 말고 서서 날 쳐다보더니 나무를 흔들어 달라고 했어요.

체리가 떨어지자 애들이 주워 먹었죠.

전 행복감을 느꼈죠.

그리곤 체리를 주워 집으로 향했어요.

당신은 체리를 먹었고… 부인도 먹었군요. 그러자 모든 게 해결되었군요.

아뇨. 그게 아니에요, 내가 변한 거죠.

나중에 알게 되었지만 내 마음이 변한 거예요.

인간은 극한 상황에서 비로소 깊이 있는 사색을 할 수 있다. 자신을 끝까지 한쪽으로 몰아쳐서 철저하게 고독한 순간과 마주할 때 비로소 자신이 존재하고 있다는 사실과 '나는 누구인가'에 의미부여를 하게 된다. 극적인 순간에서 나와 다시 세상과 마주하게 되면 삶의 진정한 가치가 무엇인지 그 전과는 다른 행복을 누릴 수 있게 된다. 눈에 보이지 않지만 느낄 수 있는 향기처럼 말이다.

이 영화는 불친절하다. 헤어 나오지 못하는 상처가 있는지, 극심한 고통이 있어서 죽음을 생각하는지, 생각만으로도 악몽 같은 기억에 사로잡혀 있는지, 무엇 때문에 죽음을 선택하려 했는지에 대한 안내가 없다. 그래서 이 영화는 눈에 보이지 않지만 오래 머무는 향기처럼 마음 한곳에 머물게 된다. 영화는 '삶이란, 죽음이란 무엇인가'라는 질문을 던지며 존재에 대해 머무르게 한다. 빅터 프랭클은 상황이나 조건은 바꾸기 어려울 수 있지만 그 상황을, 관점을 어떻게 받아들이고 바라보느냐는 개인의 선택이라고 말한다. 그의 말처럼 바디는 삶의 의미를 상실한 상태인 '실존적 욕구좌절 상태'가 아니었을까? 삶의 충만감이나 설렘이 없는 '실존적 공허' 속에서 살아가는 삶이었기에 살아갈 가치가 없다고 느끼게 되고 인간의 실존에 대한 궁극적 의미의 전체적인 결여나 상실의 경험 앞에 놓여있는 듯 하다. 다시 달리는 차 안에서 바라본 삭막하던 풍경은 다른 세상의 문을 열어준다. 열심히 일을 하고 있는 사람들과 낡은 자동차 안에서 밝게 웃으며 천진난만하게 놀고 있는 아이들이 보이고, 사진을 찍어달라는 이들을 보며 그는 무슨 생각이 들었는지 노인에게 달려간다. 죽으면 체리향기조차 맡을 수 없다는 노인의 말에 바디는 삶에 대해 다시 생각해보는 전환점을 맞게 되었을 거라 믿고 싶다.

바디가 '혹시 내일아침 내가 살아있을지도 모르니 돌을 두 번 던져달라'고 말하자 노인은 세 번 던질 테니 걱정 말라며 돌아선다. 밤이 되자 체리나무 아래 파놓

은 구덩이에 몸을 누이는데 때마침 천둥과 소나기가 내리고 주위에는 어둠이 내려 앉는다.

과연 그는 내일 아침이 오면 그토록 바라던 죽음을 맞이할 수 있을까?

이 영화처럼 '베로니카, 죽기로 결심하다'에서 주인공인 베로니카는 오히려 죽음을 자각한 뒤, 마음을 바꾸게 된다. 단지 삶이 무료하다는 이유로 여러 번 자살시도를 하던 중 마지막 자살시도가 실패로 끝나고 병원에서 눈을 뜬 후, 자신의 남은 삶이 7일뿐이라는 선고를 받게 되고 나서야 삶의 가치를 진정으로 깨닫게 된다. 자신의 '남은 시간'을 자각하고 나서야 그전엔 무의미하게만 느껴졌던 것들이 소중한 것들로 다시 채색이 된다. '자살'은 '살자'를 뒤집어보게 하는 거울일지도 모른다. '죽고 싶어.'라는 외침은 어쩌면 '나 여기 있어.'라며 그 누구보다도 살고자 하는 두드림이지 않을까? 울퉁불퉁하고 모난 길을 다듬듯 마음의 길을 어떻게 내는가가 우리 삶의 가장 중요한 갈림길이다. 죽으면 흙으로 돌아가리라는 말처럼 죽음을 생각하며 달리던 푸석푸석한 흙 길이, 한 순간 마음을 바꾸면 살아 숨 쉬는 생명력의 길이 된다. 자신의 죽음 위에 흙 몇 삽을 덮어 줄 누군가를 애타게 찾다가 흙으로부터 와서 흙으로 돌아가는 인간의 삶 단편을 보여주듯 바디는 자신과 마주하고 누워 자신을 만난다.

마음은 먼 데서 찾아지지 않는다. 바로 내 안에 늘 깃들어 있다. 우리가 마음을 밖에서 찾고, 다른 대상에서 찾기 때문에 그 마음이 제대로 꽃을 피우지 못하는 것이다. 어쩌면 인간의 의지가 결국에는 '돌아가는 길'이라는 것을 묵묵히 보여주는 영화다.

❷ 의미치료적 접근

1) 프랭클의 생애

빅터 프랭클(Victor Frankl, 1905~1997)은 오스트리아 비엔나에서 성장하였다. 그는 엄한 아버지와 따뜻하고 신앙심이 깊은 어머니의 슬하에서 양육되었으며 네 살 때 자신이 내과의사가 되기를 원한다는 것을 알게 되었다고 가족들에게 공표한 조숙한 아동이었다. 청년기에 점점 철학과 심리학에 매료되었고 1920년대 비엔나 의과대학을 다니며 프로이트를 만났다. 정신분석이론의 연구에 기초하여 그는 프로이트의 무의식 개념을 수용하였다. 그러나 그는 자신의 삶에서 의미를 창조하고자 하는 의지가 프로이트가 채택하였던 무의식적 쾌락 충동보다 더 강하고 근본적이라고 주장하였다. 비엔나의 한 병원에서 의사로 재직하며 신혼생활을 하던 중 1942년 9월에 가족 모두와 함께 나치의 강제수용소에 수감되었다. 그러던 중 아버지는 굶어죽었고, 어머니와 형제는 1944년, 아내는 이듬해에 죽었다.

프랭클은 죽음의 나치 수용소에서 암울한 시기를 보내기 이전부터 임상적 실제에 대한 실존적 접근법을 개발하기 시작하였지만, 1942년에서 1945년까지 수용소에서의 경험이 이 관점을 더욱 확고하게 하였다. 그는 극한 상황의 역경에도 불구하고 어떤 사람들은 자신의 내적 삶과 다른 사람들에 대해 행동하는 방식에서 선택할 자유를 유지하고 자신의 비극을 승리로 바꾸는 것을 관찰하였다. 또한 그는 강제수용소에서의 자신의 체험과 관찰을 통해 인생에서 의미와 목적이 지니는 중요성을 확신하고 인간의 본질이 의미와 목적을 추구하는 데 있다고 믿었다. 1945년 수용소에서 풀려난 뒤 저서 '인간의 의미 추구'에 독일의 강제 수용소에서 겪었던 공포를 기술한다. 비록 프랭클이 수용소에서 겪었던 비극과 공포를 매우 자세하게 기술하였더라도, 그 책은 인간 정신의 힘에 대한 증거이다. 그는 '의미 추구의 의지'를 인간의 가장 기본적인 욕구로 보았으며 "왜 사는지 아는 자는 어떤 비극도 견딜 수 있다."라는 가정에 근거하여 의미치료(logotherapy)를 제창하였다.

2) 의미치료

의미치료는 인류에게 중요한 이슈가 개인에게 일어나는 사건이 아니라 한 개인이 자신의 삶에서 일어나는 사건에 관하여 바라보고 생각하는 방식이라고 주장한다. 프랭클은 인간을 '의미에 대한 의지'를 원동력으로 삼고 살아가는 존재로 보았다. 프랭클은 '실존적'이라는 의미를 세 가지 방식으로 사용한다. 첫째, 인간의 존재 양식으로서 실존 그 자체를 의미한다. 둘째, 실존의 의미를 나타낸다. 셋째, 개인적 실존으로 의미를 찾으려는 노력이나 의지를 나타낸다. 의미치료는 인간이 실존적 공허 상태를 벗어나 삶의 의미를 발선하도록 소력한다.

(1) 인간관

프랭클은 결정론적 관점에서 인간을 보는 것을 반대하고 현상학과 실존주의에 철학적 기반을 두는 인본주의적 관점에서 이해하려고 했다. 또한 인간을 최악의 상황과 조건에서도 생존할 수 있으며, 존재에 대한 의미를 갖고 성장하는 존재라고 보았다. 그는 인간이 삶에서 의미를 찾고자 하는 주요 동기를 가진 존재, 즉 '의미에의 의지(willing to meaning)'를 원동력으로 살아가는 존재이고, 무엇을 행하고 무엇을 사고하며 어떻게 반응할 것인지에 대해 개인적으로 선택할 자유와 그에 따른 개인적 책임을 가진 존재라고 보았다. 한 인간이 삶의 의미를 상실한 상태를 '실존적 욕구좌절(existential frustration)'이라 부른다.

그에 의하면 삶에 의미가 없는 것은 일종의 신경증이며 이러한 상태를 개인 내부의 어떤 심리적 갈등에서 생기는 일반적 신경증과 구분하기 위해 '심령적 신경증(noögenic neurosis)'이라 명명했다. 심령적 신경증은 종교적 의미에서가 아니라 인간 실존의 척도로서 영적 핵심에 속하며, 특히 영혼적인 문제, 도덕적인 갈등 혹은 실존적 위기에 관한 것으로 무의미, 무익함, 무목적, 공허감이 특징이다. 이런 심령적 신경증을 가진 사람은 삶의 충만감과 설레임 대신에 '실존적 공허(existential vacuum)' 속에서 살아가며 인생을 가치 있게 만들어 주는 인간의 실존에 대한 궁극적 의미의 전체적인 결여나 상실의 경험이다.

(2) 주요개념

① 쾌락원리에 대한 비판

사람은 쾌락을 목표로 삼으면 그 목표에 미치지 못한다. 즉, '행복의 추구' 자체가 행복을 방해하는 것이다. 일반적으로 쾌락은 결코 인간의 노력의 목표가 아니라 하나의 결과, 목표를 성취함으로써 생기는 부차적인 효과이다. 행복의 이유가 있으면, 소위 행복은 자동적으로 그리고 무의식적으로 계속 따라오는 것이기 때문에 인간은 행복을 추구할 필요가 없다.

② 자기실현에 대한 비판

행복과 마찬가지로 자기실현 역시 하나의 결과, 즉 의미성취의 결과이다. 인간은 오직 자기 밖의 세계에서 의미를 성취시킬 때에만, 자기(self)를 성취시킨다. 인간이 만약 의미를 성취시키려 하기보다, 자기를 실현시키고자 한다면, 자기 실현은 즉시 그 정당성을 잃게 된다. "인간의 본질은 자기 자신에 고유한 것을 만드는 대의를 통해서 궁극적으로 실현된다."

③ 의지의 자유

의지의 자유는 인간의지의 자유를 의미한다. 인간의지는 유한한 존재의 의지이다. 인간의 자유는 조건으로부터의 자유가 아니라 그에게 직면할 수 있는 어떤 조건에 대해 취할 자유이다. 이런 점에서 그는 인간이 조건이나 결정적 요인에 의해 지배된다는 입장을 반대하고 있다.

④ 의미에 대한 의지

인간은 성취해야 할 의미와 실현해야 할 가치에 직면해 있는 존재이다. 실현한다는 것은 현실과 이상 간에 생기는 긴장의 양극의 장에 살고 있음을 뜻한다. 인간은 이상과 가치에 의해 살아가는 존재로 자기초월에 의하여 살아가는 것이 진정한 존재이다.

⑤ 삶의 의미

삶은 의미를 가지고 있으며, 더욱이 인간이 생명이 다하는 마지막 순간까지 의미가 있다. 생명은 의미를 가지고 있다는 것, 즉 어떤 상태라 하더라도 생명은 의미를 가지고 있는 채로 남아있다는 사실을 충분히 알아야 한다. 불가피한 고통과 같은 삶의 비극적이고 부정적인 요소들까지도 인간이 자기의 곤경을 받아들이는 태도 여하에 따라 인간적인 업적으로 바뀔 수 있다.

3) 의미치료 접근 영화

제목: 잠수종과 나비,
　　　Le Scaphandre Et Le Papillon(2007)
제작: 프랑스, 미국, 2008년 2월 14일 개봉
　　　12세 이상 관람가
감독: 줄리안 슈나벨
출연: 마티유 아말릭, 엠마누엘 자이그너, 마리
　　　조지 크로즈
내용:
최고의 권위를 자랑하는 세계적인 프랑스 패션 전문지 '엘르'의 최고 편집장인 쟝 도미니크 보비. 그는 어느 날 갑자기 뇌졸중으로 쓰러진다. 의식을 찾은 쟝은 오로지 왼쪽 눈꺼풀만으로 의사소통을 하게 된다. 좌절의 순간에서도 쟝은 희망을 가지며 자신의 상상력에 의존한 삶을 살아가기 시작한다. 그는 눈을 깜빡이는 횟수로 스펠링을 설명하여 자신의 일과 사랑, 그리고 인생에 대한 이야기들을 상상하며 담담하게 책으로 써 내려간다. 영원히 갇혀버린 잠수종을 벗어나 자신의 책 속에서 자유로이 날아다니는 한 마리 나비가 되어 또 한 번의 화려한 비상을 꿈꾼다.
이천 년 전의 삶을 살았던 마르쿠스 아우렐리우스 로마 황제는 말한다. "가장 오래 산 사람이나 가장 짧은 순간을 산 사람이나 죽음을 맞이할 때 상실하게 되는 것은 동일하다는 사실을 명심하라. 왜냐하면 인간이 상실할 수 있는 것은 현재 뿐이기 때문이다. 그 까닭은 이 현재란 인간이 소유한 전부이기 때문이다. 소유하지도 않은 것을 잃을 수 있는 사람이 어디 있겠는가?"

영화에 관하여

　영화의 전반부는 주인공 장 도미니크 보비의 왼쪽 눈의 시선을 유지하는 방식으로 그려진다. 언어치료사는 보비에게 문자판을 보여주면서 말하고 싶은 것들을 언어로 표현할 수 있게 도와준다. 이 문자판은 알파벳 순서가 아니다. 많이 쓰는 문자를 앞으로 나열한 문자판이다. 이 문자판의 알파벳을 언어치료사가 순서대로 읽어나가다가 보비가 말하고 싶은 문자가 나오면 눈을 깜박이는 식이다. 언어치료사가 보비의 눈을 바라보며 문자판을 읽는 장면은 가슴을 찡하게 하는, 잊을 수 없는 장면이다.

　보비가 문자판을 이용해 처음으로 건넨 말은 "나는 죽고 싶다"였다. 이에 언어치료사는 크게 상심해서 뛰쳐나가 버린다. 그러나 잠시 뒤 그녀는 다시 돌아와서 자신이 화를 냈던 것에 대해 사과하면서 보비의 마음을 이해하고 보듬어준다.

"우리 둘 다 정신은 멀쩡하지만 꼼짝 못하는 신세는 똑같구나."

보비의 병실에 전화벨 소리가 들린다. 보비의 정신적인 지주였던 아버지 역시 거동이 불편해 집 밖으로 나올 수 없다는 소식이 전화기 너머로 전해온다. 이 상황이 안타까워 수화기 너머 울먹이는 아버지의 목소리를 듣고, 눈을 깜빡여 다른 사람의 목소리로 울지 말라는 말을 전하는 보비의 눈에도 눈물이 맺힌다. 사랑하는 아들의 목소리조차 듣지 못한 채 "보고 싶다."라고 말하는 장면은 "이런 상황에서 무슨 말을 하겠어! 말하려던 것도 다 까먹었어!"라며 사고 나기 전 아버지를 면도해 주는 장면과 오버랩 되어 먹먹함을 느끼게 한다.

한 인간에게서 모든 것을 빼앗아 갈 수는 있지만, 한 가지 자유는 빼앗아 갈 수 없다. 바로 어떠한 상황에 놓이더라도 삶에 대한 태도만큼은 자신이 선택할 수 있는 자유이다.   -빅터 크랭클(Victor Frankl)-

그 누구보다도 화려한 삶을 살고 있던 보비는 아무런 예고도 없이 잠수종 안에 갇힌 삶을 살게 된다. 보비는 비록 의식은 몸에 갇혀 꼼짝을 할 수 없는 상황이지만 영화제목에서 말해주듯 한 마리 나비가 훨훨 날아가듯 영혼은 깨어있다. 영화의 모티브가 되었던 실존 인물인 보비가 1955년 12월, 뇌졸중으로 쓰러져 아무것도 할 수 없는 상황에서 움직일 수 있었던 것은 왼쪽 눈 뿐이었지만 세상과 소통하기엔 충분했다. "고이다 못해 흘러내리는 침을 삼킬 수만 있다면 세상에서 가장 행복한 사람이다."는 보비의 마지막 말처럼 우리는 이미 행복한 사람이다. 우리는 그동안 전혀 생각지도 못한 인생의 단면을 다시 되짚어봐야 하는 건 아닐까? 사랑하는 사람과 함께 늙어갈 수 있는 것, 동질적 기억의 밀도로 묶인 동시대 사람들과의 연대에 동참할 수 있는 것, 소소한 일상 등 이 모든 것이 감사해야 할 것들이다. 사람들은 시간을 대적할 수 없는 괴물로 여기지만 우리들이 숨을 쉬고 있다는 그 자체가 선물이다.

CHAPTER 03

대상관계적 접근

1 대상관계적 접근

대상관계이론의 뿌리는 정신분석에 있다. 그러나 대상관계적 접근은 전통적인 정신분석이론에서 핵심적인 욕구로 간주한 생물학적 욕구 대신, 관계추구를 인간의 핵심 욕구로 보는 일련의 정신분석가들이 모여 발전시킨 이론이다. 이론가들은 각자 나름대로 독특하고 중요한 개념을 제안하고 강조점을 달리하며 자신의 이론을 발전시켰고 그것이 대상관계이론의 줄기를 이루었다. 여기에서는 공통적인 개념과 마가렛 말러의 주요개념을 설명하고자 한다.

1) 대상관계의 주요학자-마가렛 말러

마가렛 말러(Margaret Schoenberger Mahler, 1897~1985)는 1897년 헝가리에서 태어났다. 말러는 어린 시절 어머니에 대해 좋지 않은 기억을 가지고 있었고, 의사였던 아버지를 좋아하였는데 이는 말러가 과학과 의학에 관심을 가지게 된 계기로 작용하였다. 1930년 비엔나에서 내과 의사로 훈련을 받았으나 아동심리 치료가로서 그녀의 전문적인 생애를 시작하였다. 말러는 유아를 양육할 때 부모의 의식적, 무의식적 태도가 유아의 정상적이거나 병적인 발달에 중요한 영향을 끼친다고 주장하였다. 당시 비엔나 의료행태는 일반적으로 건조하고 비공감적이었다. 이러한 경향에 실망한 말러는 정신과와 정신분석에 관심을 갖게 되었고 미국으로 이주하였다.

처음에는 정신병리 상태에 있는 아동에 대한 연구를 통해 초기 유아들의 대상 관계를 유추해내는데 관심을 가졌다. 1952년 정상적인 아이들의 발달 경험에 대한 연구를 시작하여 1963년 유아의 정신병 원인이 생후 1년 후반부와 생후 2년의 시기에 있음을 발견하게 되었다. 그리고 이 기간이 발달의 분리 – 개별화 단계라고 인식하게 되었다. 말러는 1960~1975년 동안 관찰을 통한 연구를 통해 분리 – 개별화 과정을 4단계로 입증하였고 그 각 단계에서 나타나는 전형적인 어머니와 유아의 상호작용 유형, 유아의 발달 유형을 연구함으로써 인간의 심리적 탄생과정을 밝혔다.

2) 대상관계적 접근

인간은 충동의 충족보다는 인간관계가 내면화되는 과정 속에서 발달하며 대상관계에 있어서 인간관계의 역할이 중요하다고 보았다. 특히, 인간관계 중에서 양육자(어머니)와의 관계가 핵심으로 '분리 – 개별화'를 어머니와 아동 사이에 이루어져야 할 주요과제로 인식하였다.

	정신분석	대상관계
동기	본능 욕동	관계
중요관계	아버지와의 관계	어머니와의 관계
병리	거세불안, 남근선망	융합, 분열
중요발달시기	오이디프스기	전오이디프스기
중요갈등과 경험	힘, 통제	친밀성, 양육

(1) 인간관

전통적인 정신분석과 달리, 대상관계적 접근은 인간의 심리구조를 생물학적 긴장해소 차원이 아니라 인간 상호작용 차원에서 조명한다. 대상이론에서는 인간이 생물학적인 본능과 욕구를 충족시키려는 욕망에 의해서가 아니라 대인관계를 형성하고 유지시키고자 하는 욕구에 의해 동기화된다는 것이다. 정신분석에서의 대상은 성욕이나 공격성 욕구를 충족시키기 위한 수단인 반면, 대상관계이론에서는 대상관계 형성 자체가 행동의 일차적 목적인 것이다. 관계형성의 욕구는 '의미 있는 대상'과 '좋은 관계를 맺으려는 욕구'를 의미한다.

'좋은 관계'를 추구하는 욕구가 있다는 것은 그 이면에 '좋은 관계'가 상실되거나 왜곡되는 것에 대한 두려움도 있다는 것을 반증한다. 인간은 타인으로부터 버림받거나, 타인에게 합입되어 개별화에 실패하거나, 온전한 자기를 경험하지 못할 때 각각 거절 및 버림받음에 대한 두려움, 합입에 대한 두려움 그리고 공허에 대한 두려움을 경험한다. 따라서 이런 두려움으로 인해 인간은 관계를 미리 거부하거나 혹은 관계에 매달리거나, 진정한 자기보다 과장된 자기를 형성하여 타인에게 보여주려고 애쓰게 된다.

말러는 실제적인 인간의 본성을 구성하는 몇 가지 필수적인 특성을 실험적 연구를 통해 제시했다.

- 대상을 필요로 하며 관심을 보여주는 대상을 끊임없이 추구한다.
- 자율성을 통해 자기를 확인하려는 실천적 욕구와 의지를 가지고 있다.
- 자기중심으로부터 다른 존재와의 참여를 희구한다. 그러나 관계이동에 수반되는 위협을 두려워한다.
- 자아의식이라 칭하는 유일한 특성을 가지고 있다. 이 특성은 주체성을 확립하려는 뛰어난 의지와 독특한 자극에 의해 강화된다.

대상관계이론에서 건강한 사람이란 인간에 대해 통합적인 관점과 태도를 형성한 사람을 의미한다. 다시 말해, 자기-타자와의 관계는 물론 자신과의 관계에서 개별성과 독립성을 바탕으로 통합을 이룩한 사람을 말한다.

(2) 주요개념

① 대상(object)과 대상관계

대상관계란 '주체(subject)'가 대상과 어떤 정서적 색조가 가미된 관계를 특정한 양식으로 형성하는 것이다. 대상은 일반적으로 사람이나, 드물게는 사물이나 일 등이 해당하기도 한다. 여기서 말하는 대상관계는 일차적으로 심리내적 구조를 의미하는 것이지 반드시 외부 대상과 맺는 대인관계를 의미하는 것은 아니다.

② 부분대상과 전체대상

부분대상(part object)이란 한 사람이 가진 주요 대상의 일부를 의미하고, 전체 대상(whole object)이린 주요 대상의 진부를 의미한다. 개인의 심리직 세계에 남아있는 이미지나 표상은 반드시 그가 관계를 형성하고 있던 중요한 타인의 전체(전체대상)에 대한 것만은 아니며 그 대상의 특정한 부분(부분대상)에 대한 표상일 수도 있다. 즉 어떤 대상은 좋은 점과 나쁜 점이 모두 있음에도 불구하고 어느 한 부분(부분대상)으로만 지각될 수도 있고, 좋은 점과 나쁜 점을 모두 가지고 있는(전체대상)으로 지각될 수도 있다.

③ 표상

표상(representation)이란 한사람이 하나의 대상을 어떻게 소유하고 있는지, 즉 그 대상을 어떻게 심리적으로 구상화하고 있는지를 가리키는 말이다. 일종의 정신적 이미지로서, 주체가 이 세계를 이해하거나 자신을 표현할 때 사용되는 인지적·정서적·행동적 요소를 모두 포함한 틀(frame)이다. 표상은 대상관계가 내면화된 것으로, 그 개인이 유아기나 성장 초기에 자신의 일차적 욕구를 만족시키기 위해 의존하던 사람과 맺은 관계의 잔재나 흔적이 남음으로써 발달한다. 개체는 대체로 외부에 실재하는 세계와 상호작용하지만, 경험을 통해 외부대상을 특정한 방식으로 받아들여 그에 대한 의미와 이미지를 형성한 후에는 실재보다 이미지와의 관계를 형성하고 반응한다.

④ 자기표상(self-representation)

자기감(sense of self)의 개발과 통일성의 유지는 대상관계이론에서 중요하게 다루고 있는 개념이다. 이론가들은 양육자와의 관계가 자신에 대한 표상, 타인에 대한 표상, 자기와 타인의 관계에 대한 표상에 어떠한 영향을 주고 이러한 표상이 현재의 인간관계에 영향을 미친다고 주장한다. 자기표상은 상당히 다차원적이다. 각 개인은 다양한 요소에 근거하여 여러 자기 표상을 가지게 되는데 이러한 자기 표상들은 서로 분리되기도 하고 갈등을 겪기도 하며 응집하여 자기감으로 통합되기도 한다. 또한 의식적일 수도 무의식적일 수도 있다.

사람들은 전혀 상처받지 않은 사람인 것 같으면서도 쉽게 상처받는 사람처럼 보이기도 하고, 유능한 사람인 것 같으면서도 어떤 측면에서는 무력한 사람 같기도 한 것처럼, 서로 다른 자기 표상을 동시에 가지고 있다. 이러한 상반된 자기감은 자신의 다양한 부분을 경험함으로써 형성된다.

⑤ 대상관계의 발달

말러는 프로이트가 제안한 오이디푸스 콤플렉스를 해결하는 것보다 양육자와의 공생관계에서 분리 개별화로 발전해 나가는 것이 더 중요하다고 여겼다. 말러는 개인이 어머니와 심리적 혼합 상태에서 시작하여 점차적으로 분리되어 간다고 생각하였다. 말러와 동료들은 생후 3년 동안의 아동과 어머니 사이의 관계에 초점을 맞춰 연구하였는데 자폐-공생-부화-연습-재접근-대상항상성의 단계를 거쳐 건강한 인간으로 성장하고 변화한다고 보았다.

단계	개월수	발달과정		
1	0~2	정상적 자폐기		
2	2~6	정상적 공생기		
3	6~10	분리-개별화 (분화-개인화)		분화
	10~16			연습
	16~24			재접근
4	26~36+	대상항상성		

a. 정상적 유아 자폐기: 생후 3~4주경

이때 유아는 심리적 과정보다 생리직 긴장에 더 많은 반응을 한다. 이 단계의 유아는 여러 면에서 어머니와 자신을 구분하지 못한다. 유아는 통합된 자기를 지각하지 못하고, 가슴, 얼굴, 손, 입 등을 하나씩 인식한다. 이러한 미분화 상태에서는 완전한 자기도, 완전한 대상도 없다. 심리적 조직화나 자기감이 극도로 부족한 성인은 매우 원시적인 유아단계에 고착되어 있다고 볼 수 있다.

b. 공생기: 생후 3개월~8개월경

이 시기에 유아는 말 그대로 어머니에게 의존한다. 어머니 혹은 주된 보호자와는 분명히 짝을 이루며, 이들은 대체가 불가능하다. 유아는 어머니와 고도의 정서적 유대를 기대한다.

c. 분리 개별화 과정: 생후 4~5개월경 시작

이때 아동은 공생관계를 떠나는 몇 가지 단계를 거친다. 이 시기 동안 아동은 중요 타인으로부터의 분리를 경험하지만 확신감과 안정감을 위해 타인에게 되돌아온다. 아동은 독립과 의존을 오가며 양가감정을 보이고, 자랑스럽게 부모한테서 걸음을 떼어 놓고는 포근한 품속으로 다시 뛰어드는 모습으로 이 기간의 중요 문제들을 보여 준다. 타인은 아동의 자기개념 발달을 기뻐해 주는 거울의 역할을 하는데, 이러한 관계가 잘 이루어지면 건강한 자존감을 제공할 수 있다.

d. 대상항상성: 생후 36개월경

말러의 분리 개별화 과정의 마지막 단계에서는 자기 항상성과 대상 항상성으로 나아간다. 이때가 되면 다른 사람들을 자기로부터 완전히 분리된 존재로 보고개성을 잃어버리지 않을까 하는 공포감이 없이 타인과 관계를 맺을 수 있으며, 확고한 자기감을 가지고 이후의 심리성적·심리사회적 단계로 들어갈 수 있게 된다. 경계선적 장애, 자기애적 장애의 원인은 분리 개별화 단계에서의 외상적 상처나 발달적 혼란일 수 있다. 성격과 행동 증상은 초기 아동기에 완전히 이루어진다.

3) 대상관계적 접근 영화

제목: 인사이드 아웃, Inside Out(2015)
제작: 미국, 2015년 7월 9일 개봉
　　　　전체 관람가
감독: 피트 닥터
출연: 에이미 포엘러, 필리스 스미스
내용:
모든 사람의 머릿속에 존재하는 감정 컨트롤 본부. 그곳에서 불철주야 열심히 일하는 기쁨, 슬픔, 버럭, 까칠, 소심 다섯 감정들. 이사를 하고 새로운 환경에 적응해야 하는 라일리를 위해 그 어느 때 보다 바쁘게 감정의 신호를 보내지만 우연한 실수로 기쁨과 슬픔이 본부를 이탈하게 되자 라일리의 마음 속에 큰 변화가 찾아온다.

영화에 관하여

영화 인사이드 아웃은 11살 아이 라일리의 '감정들'이 라일리의 감정과 기억을 기록해 나가는 줄거리의 영화이다. 이 영화는 감독인 피트 닥터가 11살인 자신의 딸을 보면서 '이 아이가 느끼는 감정은 어떤 것일까?' 하는 궁금증에서 출발하였다고 한다. 그 상상을 시각으로 형상화시켜 인격을 부여한 것이 기쁨이, 까칠이, 소심이, 슬픔이, 버럭이라는 캐릭터이다.

이 영화는 한 사람의 어린 시절의 성장과정을 잘 표현한 영화로도 볼 수 있다. 심리적 코드로는 정서와 기억에 관한 것으로도 볼 수 있고 한 아이의 경험이 뇌에 어떻게 입력되고 저장되어 표상으로 남는지에 관한 것도 엿볼 수 있는 영화이다.

기쁨이, 까칠이, 소심이, 슬픔이, 버럭이 다섯 가지의 감정들은 머릿속에서 컨트롤 타워를 꾸미고 핵심기억을 만들어내며, 그것들이 모여서 내면에 세계를 창조하고 꾸미고 운영한다. 하지만 각각의 정서에 따른 기억들은 컨트롤 타워에서 인공적으로 만들어 내는 것이 아니다. 주인공인 라일리가 태어나서 하게 되는 크고 작은 경험을 통해 만들어지는 것이다. 또한, 영화에서는 '기억저장소'라는 곳을 통해 이 경험들에 정서를 덧입혀 보관된다. 기억저장소에는 라일리의 대표인격을 형성해준 핵심 기억들과 장기기억 보관소, 기억의 쓰레기통, 꿈 제작소 등이 존재한다.

* 대상관계에서 보는 생명의 탄생과 심리적 탄생

라일리는 무엇을 보는 것일까?

이 시기의 유아들은 아직까지는 대상의 존재를 알지 못한다. 자기와 대상을 구별하지 못하고 모든 세상이 다 자신과 한 몸인 줄 아는 시기이다. 말러는 이 시기를 '정상적 유아자폐기'라고 불렀다. 아이들의 미소를 보며 부모들은 자신을 보고 웃는다고 생각할지 모르지만 이 시기의 유아들은 난생처음 감각기관을 통해 들어오는 세상의 모든 외부자극들을 감소시키려는 생존의 몸짓에 불과하다.

　이후 발달하면서 아이는 자기의 욕구를 충족시켜주는 어떤 사람의 존재를 희미하게 인식하기 시작한다. 또한, 타인과 신체적으로 떨어질 수 있는 능력이 생기면서 세상, 타인, 자신을 탐색하기 시작한다.

　세 살까지의 성장과정에서 아이는 자기의 요구를 항상 만족시켜주는 사람인 줄 알았던 엄마로부터 때때로 피치 못할 거절을 당할 때 갈등을 느낀다. 만족을 주는 '좋은 엄마'와 좌절을 주는 '나쁜 엄마'로 분리된 엄마 상을 가지고 추후에 좋을 수도 있고 좋지 않을 수도 있는 하나의 엄마 이미지로 통합하면서 개별화 과정을 완성한다. 단, 이 완성은 미숙한 과정에서의 완성으로, 개별화 과정은 일생동안 진행된다. 이러한 대상항상성을 통해 자신과 엄마의 이미지를 내재화시키고, 내면 세계에 만든 대상을 내적 대상이라고 한다. 분리 개별화 과정이 만족스럽게 진행되면 자신에 대하여 일관된 상이 일찍 세워지고 자아개념에 대하여 안정된 기초가 된다.

성격형성의 기초가 되는 경험

가족 섬, 우정 섬, 엉뚱 섬 그리고 하키 섬….

이 각각의 섬은 라일리가 직접 경험한 것을 바탕으로 표상으로 형성된 성격의 기초로서, 이는 세상을 구성하는 지도가 된다. 영화에서도 기존에 형성됐던 성격 섬들이 하나씩 무너지기도 하고, 새롭게 뒤섞인 감정 속에서 더욱 복잡하고 화려해진 섬들이 생겨나기도 하며, 발달상황에 따라 새로운 섬이 생기기도 한다. 여담이지만 아마 라일리가 우리나라에 태어났다면 수능이란나 생기부(생활기록부) 섬도 포함되지 않았을까?

대상항상성에서 자기개념의 형성까지

자기개념은 타인과 접촉하면서 경험하는 감정으로부터 형성되는데 아동의 자기 개념은 타인이 자신을 어떻게 평가하는가 지각하면서 발달하기 시작한다. 양육자는 아동의 정서 상태를 이해하고 그 감정을 수용한다는 것을 보여줌으로써 아동에게 감정을 공유하는 경험을 제공한다.

아동은 자신의 정서를 이해하고 수용하는 양육자의 표정을 통해 사랑, 공포 등의 감정을 배운다. 욕구에 대한 양육자의 반응이 충분할 때 아동의 민감한 정서 발달이 가능하며, 양육자가 아동의 욕구를 거부하면 아동은 다른 사람과 정서적으로 접촉할 수 없는 상태로 방치된다. 인간적 접촉을 위한 노력이 반복적으로 좌절되면 아동은 신뢰감을 형성하지 못해 세계를 황폐하고 가혹한 것으로 인식하게 된다. 따라서 양육자와 아동의 상호이해와 감정의 공유는 안정된 자기개념의 형성에 반드시 필요하다.

2 교류분석적 접근

1) 에릭 번

에릭 번(Eric Berne, 1910~1970)은 1910년 5월, 캐나다 몬트리올에서 의사였던 아버지와 전문작가였던 어머니 사이에서 에릭 레너드 번스타인으로 태어났다. 11세 되던 해에 의사였던 아버지가 돌아가셨지만, 아버지의 길을 따라 맥길 대학교 의학부에 들어가서 25세 되던 해 의사가 되었다. 미국으로 이민 후 예일 대학교 의과 대학에서 정신과 레지던트 과정을 밟았다. 이후 뉴욕에 있는 시온산 병원 정신과에서 근무하던 시기에 시민권을 취득하고는 이름을 에릭 번으로 바꾸었다. 1941년에는 뉴욕 정신분석학회의 폴 페더른(Paul Federn) 밑에서 정신분석학자로서의 훈련을 받게 되었는데, 페더른의 '자아심리학' 체계가 이후 번의 성격이론에 출발점을 제공했다는 점에서 중요한 사건이 된다. 1943~1946년 사이에는 군의관으로 2차 세계대전에 참전하여 집단심리치료를 시작하였고, 직관력에 특별한 관심을 가지고 다양한 실험을 실시하기도 하였다. 1946년에 전역한 후로는 캘리포니아의 카멜에 정착해서 정신분석 수련을 다시 시작했고, 1947년에는 에릭 에릭슨 밑에서 정신분석 훈련을 받기도 하였다.

1950년대 초기부터 그는 정립해 온 심리치료의 이론들을 중심으로 샌프란시스코를 거점으로 세미나를 시작해서 1958년 샌프란시스코 사회정신의학 세미나로 발전시켰다. 그러나 교류분석(TA)이라는 새로운 치료를 시작하게 되면서 전통적 정신분석적 치료와 대치하게 되어, 1956년 공식적으로 자신이 속한 정신분석협회에 정회원자격을 신청하였으나 자격심사에서 탈락하게 된다. 이 아픈 경험은 고전적인 정신분석의 약점을 보완한 대안적인 심리치료 이론과 치료 실제를 개발하는 계기가 되었고, 1968년 비엔나 집단 심리치료 국제학술대회에서 교류분석을 발표하며 국제적인 위치에 올려놓게 된다.

2) 교류분석적 접근

교류분석(Transactional Analysis: TA)은 인간관계의 교류를 분석하는 것으로 인간관계가 존재하는 모든 장면에 적용할 수 있는 이론이며 기법이다. 즉 교류분석을 간단하게 정의한다면 '상호 반응하는 인간 사이에서 이루어지고 있는 교류를 분석하는 것'이다. 미국의 정신의학자 에릭 번에 의해 개발되어 1950년대 중반부터 알려지기 시작했다. 교류분석은 감정이나 행동을 포함한 폭넓은 관점에서 연구와 실천이 이루어져 오늘날에는 정신뿐만 아니라 학술이론, 집단 역동, 게슈탈트 요법, 사이버네틱스, 인간학적 심리학 등을 포함한 종합적인 생각에 입각하여 발전해가고 있다.

(1) 인간관

교류분석은 인간이 자신의 행동 유형에서 벗어나 새로운 목표와 행동을 선택할 능력이 있다는 믿음, 즉 반 결정론적 철학에 기반을 두고 출발하였다. 그러나 개인이 사회적인 힘의 영향에서 완전히 벗어날 수 있다거나 또는 전적으로 자신의 힘으로 삶의 중요한 결단을 내릴 수 있다는 의미는 아니다. 정신분석이 무의식을 강조하는 반면 교류분석에서는 의식을 강조하며 말, 태도, 행동, 표정, 제스처 등으로 드러난 것을 분석한다.

① 인간은 자율적인 존재이다

번은 인간이 자율적인 존재로 현실세계와 자신의 내면에 대한 각성(awareness)을 통해 자신의 감정, 사고, 행동을 선택하고 표현할 수 있는 자발성이 있다고 믿었다. 또한 다른 사람과 솔직하게 사랑을 나누고 친숙한 관계를 맺을 수 있는 친밀성이 있는 존재라고 보았다. 교류분석 이론을 적용한 치료의 최종 목적에 대하여, 자율성의 획득과 인간관계에서 애정과 신뢰를 가지고 진실한 접촉을 회복하는 것이라고도 하였다.

② 인간은 자유로운 존재이다

인간이 환경과 사회의 영향에서 완전히 벗어날 수 있는 것은 아니다. 인간의 사고방식이나 태도의 기본적인 부분은 유전적, 체질적으로 부모로부터 내려오는 것과 유아기의 경험에서 얻은 것에 의해 형성되어 이후 인생을 규정해간다는 가설은 통설로 되어 있다. 그러나 그것이 그 사람을 결정하는 것은 아니며, 따라서 교류분석은 인간을 스스로 결정할 수 있는 자유를 가진 존재로 보았다. 교류분석은 프로이트의 무의식에 대한 관심과는 반대로 관찰 가능한 의식적 행동에 관심을 둔다. 따라서 결정론을 부정하고 인간의 의식적인 변혁과 행동수정을 도모하고자 하는 것이 교류분석의 기초가 되는 사고방식이다.

③ 인간은 책임질 수 있는 존재이다

인간이 자신을 결정할 수 있고 자율적으로 될 수 있다는 것은 자신에 대해 책임질 수 있는 존재라는 의미이다. 자신에 대한 새로운 결정을 함으로써 자율적으로 살아갈 수 있는 환경을 제공하여 긍정적인 심리를 회복시키는 것이다. 교류분석에서는 초기결단을 각성하고 현재의 행동과 삶의 방향에 대해 새로운 결단을 하도록 도와주고자 한다.

(2) 주요개념

① 심리적 욕구

번은 인간행동의 동기를 유발하는 요인으로 생존과 관련된 생리적 욕구와 심리적 만족과 관련된 심리적 욕구를 들고 있다. 번은 인간의 성격을 이 두 가지 욕구의 충족 과정에서 다른 사람을 포함한 환경과의 관계에 이루어지는 상호작용의 산물로 보았다. 의사소통은 상호작용의 핵심으로 심리적 욕구를 충족시키기 위하여 중요한 수단이 된다.

a. 인정자극에 대한 욕구(stroke hunger): 안아주고 쓰다듬어 주는 것 등의 신체적 접촉과 말, 표정, 자세, 관심 등 심리적인 인정을 나타내는 상징적인 자극을 인정자극(stroke)이라고 한다. 인정자극은 자신을 타인에게 긍정적인 존재로 인식되게끔 하며, 자기존중감을 느끼게 하여 개인이 잘 기능할 수 있도록 해준다. 사회적 상호작용의 기본적인 동기로, 애정과 보살핌에 기초한 인간관계를 맺을 수 있게 하는 필수적인 요인이다.

b. 생활시간 구조에 대한 욕구(structure hunger): 인정자극의 욕구가 충족되지 않으면 이 욕구의 충족을 위해 생활을 구조화한다.
   - 철수(withdrawal): 타인으로부터의 인정자극을 포기하고 자기애의 껍질 속에 숨어 관계를 차단하는 행위.
   - 의식(ritual): 구조화되고 사회적으로 인정되고 예측 가능한 구조(ex. 예배, 의식, 인사 등).
   - 소일(pastime): 특별한 목적 없이 타인과 함께 지내는 행위.
   - 활동(activity): 확실한 목표가 있는 창조적, 생산적인 행위.
   - 게임(game): 신뢰와 애정이 뒷받침되지 않은, 숨겨진 의도가 있는 행위로서 분노, 우울, 죄책감을 수반.
   - 친밀관계(intimacy): 방어가 필요 없는 수용적 사랑에 근거한 감정 표현이지만, 배신의 두려움이 상존.

c. 생활자세의 욕구(position hunger): 의미있는 타인들의 허용이나 금지령과 같은 태도에 따라 6세 이전에 결정된다.
   - **자기부정-타인긍정**(I'm not OK – You're OK): 출생 초기 부모의 무조건적 인정자극을 경험(you're OK)함과 동시에 자신은 무능하여 도움 없이는 살 수 없다는 좌절감을 경험함(I'm not OK). 타인과 친밀관계를 맺기 어렵고, 열등감, 죄의식, 우울감, 불신감이 특징.
   - **자기부정-타인부정**(I'm not OK – You're not OK): 생후 1년 전후, 자신의 몸을 마음대로 통제하지 못하여 넘어져서 다치고(I'm not OK), 부모도 전처럼 도

와주지 않고 벌을 주는(You're not OK) 애정박탈과 기본적 신뢰감 형성이 불가능할 때 일어남. 인생에 대한 무가치감과 허무감을 느끼거나 심하면 정신분열증세, 자살이나 타살의 충동을 느낌.

- **자기긍정-타인부정**(I'm OK – You're not OK): 2~3세경, 부모의 벌이나 금지 령(ex. "차라리 죽어라") 또는 다친 상처 등을 참고 견디게 되면 저항력이 생기면서 자득자극(self – stroke)을 받게 됨. 외부 자극 없이도 생존할 자신감이 생기면서(I'm OK) 외부 인정자극을 거부하게 됨(you're not OK). 심하면 지배감, 우월감으로 인한 타인 불신, 비난, 증오, 살인과 관련된 행동특징을 나타냄.

- **자기긍정-타인긍정**(I'm OK – You're OK): 정신적 신체적으로 건전하고 사물을 건설적으로 대하며 타 존재의 의미를 충분히 인정하는 건설적인 인생관을 지닌 사람들의 생활자세. 어른자아(A)가 기능하기 시작하면서 어버이자아(P)와 어린이자아(C)의 자료에 기초하여 발달됨.

② 자아상태 모델

인간의 자아상태는 한 가지 자아상태에서 다른 상태로 변화하기 때문에 행동이 그 순간의 자아상태와 관련되어있다고 보았다. TA에서는 인간은 누구나 세 가지의 자아상태를 지니고 있다고 보고, 자아상태를 어린이자아(child ego: C), 어버이자아(parent ego: P), 어른자아(adult ego: A)로 구분하였다.

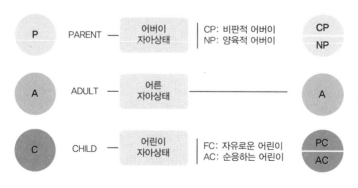

TA자아상태 모델

자아상태는 인생 초기 경험(어린이)으로 형성되고 중요한 주변(어버이)의 영향을 받아 새로운 통합성 자아(어른)로 발달한다. 이 세 가지 자아상태는 주어진 특정 순간에 주변의 환경세계를 경험하고 이것을 행동을 통해 외부로 보여주는 방식으로 발전시킨 것이다.

  a. 어린이 자아: 생득적으로 일어나는 모든 충동, 감정에 대한 반응양식이 내면화된 것이다.
    • 자유 어린이 자아(FC): 부모나 어른들의 반응에 구애됨이 없이 자유롭게 자신을 나타냄. 본능적, 창조적, 직관적, 자발적.
    • 적응적 어린이 자아(AC): 부모나 권위자의 관심을 얻기 위해 그들의 요청에 부응하려는 자연적 충동의 적응기능. 순응적, 소극적, 의존적.

  b. 어른 자아: 18개월부터 발달하기 시작하여 12세경이면 정상적으로 기능하게 된다. 자신에 대한 자각과 독창적 사고가 나타나면서 발전한 것으로, 객관적, 합리적, 분석적, 지성적, 사실평가적, 정보처리적인 내용이 많다. 어른 자아의 기능 정도는 곧 그 개인의 기능 정도이다.

  c. 어버이 자아: 5세 이전에 부모 등 의미 있는 연장자들의 말(ex. should)이나 행동을 무비판적으로 받아들여 내면화시킨 것으로서 독선적, 비현실적, 무조건적, 금지적인 내용이 많다.
    • 비판적 어버이 자아(CP): 부모의 윤리, 도덕, 가치판단의 기준이 내면화됨.
    • 양육적 어버이 자아(NP): 부모가 자녀를 사랑하고 돌보는 등 자녀를 양육하는 말이나 행동이 내면화됨.

③ 대화분석

대화분석(교류패턴 분석)이란 구조분석에 의해서 명확하게 된 자아상태, 즉 P, A, C의 이해를 기반으로 일상생활 속에서 주고받은 말, 태도, 행동 등을 분석하는 것이다. 분석의 목적은 대인관계에서 자신이 타인에게 어떤 대화방법을 취하고 있는

가, 또 타인은 자신에게 어떤 관계를 가지려고 하는가를 학습함으로써 자기 자신의 자아상태 모습에 대해서 깊게 자각하고 상황에 따른 적절한 자아상태를 스스로 의식적으로 통제할 수 있도록 하는 것이다.

• 상보교류: 발신자가 기대하는 대로 수신자가 응답해나가는 것으로, 언어적인 메시지와 표정, 태도 등 비언어적인 메시지가 일치함.

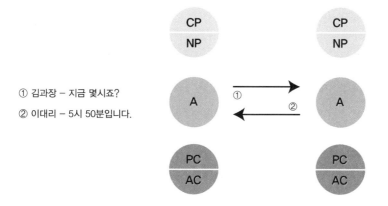

① 김과장 – 지금 몇시죠?
② 이대리 – 5시 50분입니다.

• 교차교류: 발신자가 기대하는 대로 응답해오지 않고 예상 밖의 응답이 일어나는 것으로, 대부분 발신자가 무시당한 것 같은 기분이 됨.

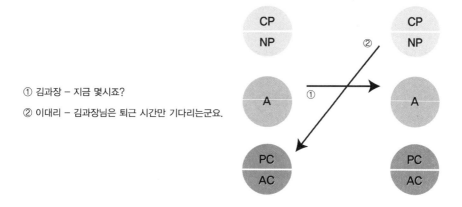

① 김과장 – 지금 몇시죠?
② 이대리 – 김과장님은 퇴근 시간만 기다리는군요.

• 이면교류: 상대방의 하나 이상의 자아상태를 향해 작용하는 복잡한 교류로, 표면적으로는 합리적인 교류를 행하고 있으나 이면에 주된 의도가 숨어있는 교류. 자신이 원하는 인정자극을 얻기 위해 솔직하게 자기 욕구를 전달하지 못하고 숨겨진 상태로 전달하기 때문에 자신의 성격이나 대인관계에 많은 문제를 초래함.

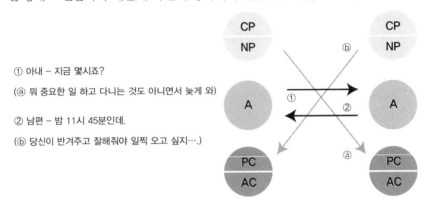

① 아내 - 지금 몇시죠?
(ⓐ 뭐 중요한 일 하고 다니는 것도 아니면서 늦게 와)

② 남편 - 밤 11시 45분인데.
(ⓑ 당신이 반겨주고 잘해줘야 일찍 오고 싶지….)

이러한 의사소통에는 다음과 같은 규칙이 있다. 제1규칙은 상보적인 교류인 경우 의사소통은 지속적으로 이루어질 수 있다. 제2규칙은 교류가 교차되어 결과적으로 의사소통이 단절되면, 한쪽 또는 양쪽은 의사소통을 재정립하기 위해 자아상태를 변화시킬 필요가 있다. 제3규칙은 이면교류의 행동결과는 사회적 수준에서 결정되는 것이 아니라 심리적 수준에서 결정된다는 것이다.

④ 대화 분석과 인생 각본의 분석 목적

교류분석의 목적은 내담자가 자신의 삶에 대한 책임성과 자율성(automony)을 갖고 자신의 현재 행동과 생활의 긍정적인 방향을 위해 새로운 결정을 하도록 돕는 것이다. 상담의 핵심은 조작적인 게임 수행이나 자기 패배적인 인생각본으로 된 생활양식을 버리고 자신의 삶에 인식과 자발성, 그리고 친밀감이 특징인 자율적 생활양식을 갖도록 하는 것이다. 자아상태의 혼합이나 배타가 없이 P, A, C가 적절히 기능할 수 있도록 한다. 자신의 의사소통 방식을 깨닫고 그것의 부정적인 영향으로부터 벗어나게 한다. 초기결단 및 이에 근거한 인생각본을 새로운 결단에 근거하여 자기긍정 - 타인긍정의 인생각본으로 바꾸도록 하는 것이다.

3) 교류분석적 접근 영화

제목: 대학살의 신, Carnage(2011)
제작: 미국, 2011년 12월 16일 개봉
　　　전체 관람가
감독: 로만 폴란스키
출연: 케이트 윈슬렛, 존 C. 라일리,
　　　조디 포스터, 크리스토프 발츠

내용: 어느 날 초등학교 앞 공원. 11살 재커리는 친구들과 다툼 중 막대기를 휘둘러 이턴의 앞니 두 개를 부러뜨린다. 아이들 싸움의 원만한 해결을 위해 한 거실에 모인 앨런, 낸시 부부와 마이클, 페넬로피 부부. 아이들 싸움보다 웃긴 어른 싸움이 시작된다! 교양과 이성으로 시작된 이들의 만남은 말꼬리 잡기, 비꼬기, 지난 이야기 또 꺼내 시비 걸기 등 유치찬란한 말싸움으로 이어지고… 유치하고 치졸한 말싸움은 엉뚱하게 같은 편 배우자를 향해 폭발하며 급기야 난장판 육탄전까지 벌어지는데…. 아름다운 거실에서 벌어지는 우아한 부부들의 인생 최악의 오후!

영화에 관하여

아이들의 싸움 때문에 만나게 된 두 부부. '아이들 싸움에 어른들이 개입할 필요

가 없다.'라고 말하지만 이내 전형적인 뉴욕 중산층 가정의 우아함을 뽐내며 팽팽한 기 싸움을 벌이기 시작한다. 처음에는 팽팽한 기 싸움을 벌이는 와중에도 자신들의 속내를 드러내지 않는다. 하지만 형식적인 이야기들이 오가고 주장들이 충돌하게 되면서 작정하고 이기심을 표현하며 싸움으로 돌입하게 된다.

페넬로피	마이클	낸시	앨런
교양에 대한 강박이 있는 작가. 남을 가르치려는 말투로 상대의 심사를 건드리는 신경증적 인물.	평화주의자 같은 사람. 열등감도 많고 직업에 대한 콤플렉스가 있어서 상대방에게 모욕을 느끼기도 함.	균형 잡힌 사람처럼 보이지만 점차 격한 감정을 뿜어내는 인물로 콤플렉스와 방어기제가 많은 인물.	제약회사 변호사, '나는 너희들과는 다르다'는 태도로 다른 사람들을 깔보는 냉소적인물.

사람들 사이의 상호 대화들은 교류(transactions)로 이루어지며, 하나의 교류는 자극(stimulus)과 반응(response)의 상호 교환으로 이루어진다. 영화에서 일어나는 상호작용들은 모두 자극과 반응으로 이루어져 있다. 일상생활에서도 마찬가지이다. 일상에서의 교류는 빈번하고 아주 많을 것이다. 이러한 일련의 교류들 중 어떤 것들은 직접적으로 이루어질 수도 있고, 생산적일 수도 있고, 건강한 것일 수도 있고, 어쩌면 속임수를 가진 것일 수도 있으며, 쓸모없이 소모적이고 건강하지 못한 것일 수도 있다.

외부의 자극에 대하여 반응을 나타낼 때, 사람들은 세 가지의 자아상태 중 어느 한 가지 상태에서 대응한다. 자아상태(ego state)라는 것은 상호 연관되어 있는 일련의 행동, 사고, 느낌이다. 각각의 자아상태는 뇌의 특정 부위의 네트워크 및 활성화로부터 유래한다. 이러한 자아상태 모델로부터 그 사람의 성격이 어떻게 행동으로 표현되는가를 이해할 수 있다.

네 명의 등장인물은 겉으로는 한 가정의 부모이고 사회적으로도 자신의 역할을 하고 있는 성인이다. 그러나 각각의 발달한 자아모델로서 의사소통을 하고 있다.

즉, 이들은 건강한 성인으로서 상보 교류를 하기 보다 상대방의 하나 이상의 자아상태를 향해 복잡한 이면 교류를 작용하고 있는 것이다. 표면적으로는 합리적인 교류를 행하고 있으나 이면에 주된 의도가 숨어있다.

"소리 잘 지르시네요~ 마치 노예 선박 지휘관처럼."

처음에는 고상한 만남으로 시작하지만 점점 꼬이고 뾰족해지는 말들이 오가며 언성을 높이게 되고 나중에는 교양을 벗어던진 유치한 말싸움이 끝없이 이어진다.

이들은 시종일관 자기긍정-타인부정(I'm OK-You're not OK)의 태도를 가지지만 겉으로는 교양과 고상의 가면 속에 이를 감추다가 결국은 서로의 단점을 들추어내고 비꼬면서 급기야 육탄전까지 벌이며 영화는 점점 한편의 진상극으로 전환한다.

영화를 보면서 어떤 방식으로 이면교류가 형성되는지, 왜 이들은 대화가 아닌 게임을 하고 있는지 분석해보면 어떨까?

또 나는 어떤 자아상태에서 어떤 교류방식을 자주 사용하는지 생각해본다면 영화로 끝나는 게 아니라 내면 속의 자신을 만날 수 있다.

심리학의 활용

CHAPTER

01 행복심리학

02 에니어그램 성격심리학

CHAPTER **01**

행복심리학

1 행복이란

1) 정의

행복(幸福, happiness)이란 사전적 정의는 두 가지가 있다. 첫 번째 정의는 '복된 좋은 운수'이며 두 번째 정의는 '생활에서 기쁨과 만족감을 느끼는 흐뭇한 상태'를 말한다(국립국어원, 2015).

행복에 대한 연구는 1950년대 후반부터 시작되었다. 철학적 사유를 시작하기 전인 고대 이전에는 행복을 '좋은 운 또는 행운'이라 여겼으며, '물질적으로나 정신적으로 걱정할 것이 없는 천국의 삶'이라 생각했다. 행복을 이루는 우연(幸)과 복(福)이라는 단어가 명확한 실체를 충분히 담아내지 못하기 때문에 주관적일 수밖에 없다. 각 나라별로 살펴봐도 영어 'happiness', 독일어 'gluck', 프랑스어 'bonheur' 등으로 행복을 '우연', '행운', '기회'와 같이 '우연히 찾아오는 복'이라는 의미라고 정의하고 있다. 행복에 관하여 연구를 했던 사람들은 행복에 대한 이해가 왜 제각각일 수밖에 없는지 다음과 같이 설명한다. 과학 기술과 의학이 발달한 현 시대에는 자극과 외부 환경의 변화를 어느 정도 제어할 수 있지만 과거의 사람들은 자연재해, 질병, 고통 등 외부의 어떤 변화에 대해 속수무책으로 영향을 받을 수밖에 없었다. 그런 시대를 살았던 사람들에게 행복은 운 좋게 재난을 피하고, 질병에 걸리지 않는 것이었기 때문에 '우연'을 내포했다는 것이다.

행복은 선망의 대상이자 동시에 경계와 의심의 대상이다. 현대를 살아가는 사람 중에는 행복이 지나치게 피상적이고 가벼운 것이 아닐까 의심하고, 자신이 너무 행복해져서 무슨 일이 일어날까봐, 지금 느끼는 행복감이 사라져버릴까 경계한다. 너무 창의적이 될까봐 걱정하지 않는 것과는 대조적이다. 이러한 경계와 의심은 행복의 본질에 대한 우리의 오해에서 비롯되며, 그 오해는 행복(幸福)이라는 한자의 한계와 관련이 있다. 심리학자 최인철에 따르면, 이 한자는 행복의 본질이 아니라 조건을 지칭하고 있기에 우리는 행복의 본질에 대해서 제각각 추측할 수밖에 없고 그 과정에서 많은 오해가 생겨난다.

디너(Diener,1984)는 행복이란 자기 생활의 만족과 삶의 보람을 느끼는 흐뭇한 상태라고 말한 두 번째 사전적 정의를 주관적 안녕감(subjective well-being; SWB)이라는 용어를 사용하여 개념화하였다. 주관적 안녕감은 순간적인 기분이나 감정이 아니라 오랜 기간에 걸친 안녕감을 말하며, 안녕(安寧)이란 평안하다는 의미로, 쾌락이나 즐거움이기보다는 특별한 사건, 사고가 없는 편안한 상태를 의미한다. 자신의 삶에 대한 정서적, 인지적 평가이며, 일상적으로 쓰이는 말인 행복(happiness)과 같은 것을 가리키는 심리학적 용어이다. 행복의 기준은 사람들마다 각각 다르다. 즐거운 순간이 반복되는 것을 행복이라고 생각하는 사람이 있고, 자신이 정한 목표를 달성할 때의 성취감을 행복이라고 여기는 사람도 있다. 가족이 건강하게 지내는 것에 만족하는 행복도 있고, 좋은 일이나 나쁜 일이 있더라도 평정심을 잃지 않는 것을 행복이라고 생각하는 사람도 있다. 이렇듯 행복은 주관적인 만족감이다.

진화론적 관점에서 보면 생명 유지와 종족 번식에 유용한 것들을 경험할 때 느끼는 감정이 행복이기에 인간의 궁극적 목적이 될 수 없다. 디너의 지도를 받았던 심리학자 서은국은 "꿀벌은 꿀을 모으기 위해 존재하는 것이 아닌 것처럼, 인간도 행복하기 위해 사는 것이 아니다. 벌도, 인간도 자연의 일부이며 이 자연 법칙의 유일한 주제는 생존이다. 꿀과 행복, 그 자체가 존재의 목적이 아니라 둘 다 생존을 위한 수단일 뿐이다. 즉, 행복하기 위해 사는 것이 아니라 살기 위해 행복감을 느끼도록 설계된 것이 인간이다."라고 하였다.

　　모든 사람들은 누구나 행복하게 살고 싶어 한다. 그러나 현실은 그렇지 못하다. 원하고, 갈구하면서도 왜 우리는 행복하지 못할까? 유엔 산하 자문기구인 '지속가능 발전해법네트워크(SDSN)'가 공개한 '2019 세계행복보고서'에 따르면 행복지수가 가장 높은 나라는 1위 핀란드, 2위 덴마크, 3위 노르웨이, 4위 아이슬란드, 5위 네덜란드이며 한국은 '행복한 나라' 순위에서 전 세계 156개국 중 54위를 기록했다. 이 보고서에 따르면 경제의 부, 나라의 면적, 돈의 많고 적음이 순위를 결정하지는 않는다. 인생 또한 옳고 그름이 없다. 과거의 즐거움이 지금 여기에서 생각하면 후회되는 일일 수도 있고, 과거 그 당시를 떠올려보면 그때는 죽고 싶을 만큼 힘들고 고통스럽다고 느꼈을지라도 지금 생각해보면 축복은 아니어도 교훈이나 자양분이 되었던 순간일 수 있다. 이처럼 우리의 삶은 재해석되고 재구성된다. 각자 자신이 선택한 대로 사는 것이다. 그렇기 때문에 좋다 나쁘다 말할 수 없으며 자기 선택에 대한 책임감을 가지고 현재의 자기 삶을 긍정적으로 바라보는 힘이 필요하다.

　　영화 '꾸뻬씨의 행복여행(Hector and the Search for Happiness)'은 프랑수아 를로르의 동명 소설을 원작으로 만든 영화다. 영화 속 주인공 헥터는 마음 아픈 이들을 치료하는 정신과 의사다. 그 누구보다도 행복한 삶을 살겠노라 여기지만, 매번 반복되는 일상에서 정작 자신은 행복하지 않음을 깨닫게 된다. 환자들을 대하는 모습이 즐겁지 않고 어느 순간부터는 그냥 해야 하는 일로 되어버렸다. 되풀이되는 일상에 문득 '진정한 행복이란 무엇일까'라는 의문을 가지고 모든 것을 남겨둔 채 목적지도, 언제 돌아올지에 관한 계획도 없이 행복을 찾아 여행을 떠난다. 헥터는 여행을 다니면서 직접 자신이 보고 느끼는 체험을 통해 온전한 자신과 만난다. 그는 여행을 끝내고 집으로 돌아가기 전 티벳에서 만난 승려와 대화를 나누며 다시 한 번 행복에 대하여 자기만의 관점을 갖는다.

"여행은 어땠나? 뭘 배웠나?"

"정말 굉장했어요. 100% 돌아갈 준비가 되었어요. 내 여자와 환자들에게 말할 거예요."

"뭐라고 말 할 텐가?"

"우리는 모두 행복할 능력이 있다!"

"그보다 수준을 더 높여봐!"

"우리는 모두 행복할 권리가 있다!"

"더."

"아…. 알겠어요! 우리는 모두 행복할 의무가 있다!"

    나는 대학에서 '행복의 심리학' 과목 강의를 하고 있다. 매학기가 시작되는 첫 시간에 학생들에게 '무엇을 할 때 행복감을 느끼는지', '무엇을 하지 않아도 어떤 순간에 행복을 느끼는지' 글이나 그림으로 자유롭게 표현하게 한다. 공통적으로 가장 많이 나오는 행복은 하루를 마감하고 침대에 누워있을 때, 치킨과 맥주를 마시는 순간, 좋아하는 사람과 차를 마시거나 밥을 먹을 때, 운동할 때 등 일상에서 느끼는 소소함이었다. 이처럼 각자의 방식으로 행복을 경험한다. 학기 중 학생들은 '내가 좋아하는 것'은 무엇인지, '나는 무엇을 할 때 즐거운지', '무엇을 할 때 기분이 좋고, 보람을 느끼는지' 스스로에게 묻는 시간을 가지며 경험을 통해 각자의 행복에 대한 경험을 공유한다. 어쩌면 행복은 '로또 복권' 당첨처럼 한방으로 맛보는 기쁨, 한 번의 강도 높은 쾌락이 아니라 일상에서 여러 번 소소하게 느끼는 것이 아닌가 싶다.

2 행복의 기술

늘 행복하기란 쉬운 일이 아니다. 행복심리학 강의를 하면 늘 행복할 수 있을까? 그렇지 않다. 행복한 것은 무엇인가? 행복은 정의내리기 어렵고, 수치로 설명하기도 어렵다. 행복은 노력의 과정이고 인생과 함께 하는 여정이다. 삶의 질을 조금만 높여도 창의성이 높아지고 인간관계도 개선된다. 친구, 연인, 가족, 부모·자녀, 직장 내에서의 관계에서도 마찬가지다. 행복한 삶을 살기 위해서는 자신의 삶을 타인의 시선을 의식하는 것이 아니라 온전히 자신의 주인으로서 주체적인 삶을 살아야한다. 이런 행복은 누가 가져다주는 게 아니라 스스로 만든다는 생각으로 살아야한다. '내 삶의 주인공은 나다.'라는 주인의식을 가질 때 나를 변화시킬 수 있고 세상을 변화시킬 수 있다. 행복도 연습이 필요하다.

우리는 행복을 추구해야한다. 그러나 행복은 추구할수록 역효과를 나타내기도 한다. 직접 추구하면 안 된다. 행복을 추구하는 여러 요소들을 추구해야한다. 우리는 간접적으로 행복을 추구해야하는 것이다.

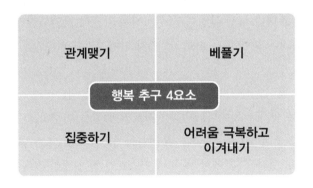

긍정심리학의 대가, 탈 벤 사하르는 하버드 대학에 '행복학 열풍'을 불러일으킨 교수다. 하버드 대학에서 철학과 심리학을 전공했으며, 현재 하버드생의 멘토가 되어 치열한 경쟁과 스트레스에 갇혀 있던 그들의 삶을 의미 있게 변화시키고 있다. 종신직 교수가 되기 위해 필요한 코스를 밟는 일이 '행복하지 않아서' 강사로 남기로 결심한 그는 행복 전도사를 자처하며 '행복하게 사는 법'을 가르치는 일에 전념하고 있다. 행복에 관한 글을 쓰고 사람들을 만나면서 더욱 많은 이들에게 행복해지는 법을 전파하고 있다. 그는 행복이란 훈련과 연습을 통해서 달성할 수 있으며 그 행복을 구성하는 네 가지의 요소가 있다고 말한다. 이 네 가지는 일상에서 할 수 있는 것을 실행에 옮김으로써 추구할 수 있는 것이다.

1) 행복의 첫 번째 요소: 관계 맺기(Socializing)

관계 맺기란 인간관계를 뜻한다. 연인, 부모·자녀, 직장동료 등 모든 종류의 관계를 말한다. 이는 행복한 삶을 구성하는 데 있어서 가장 중요한 요소이며 사회적인 관계이다.

삶의 만족이 높고 행복한 사람들은 긍정적이고, 사회적인 관계를 강력하게 맺고 있다. 네덜란드와 덴마크 사람들은 다양한 취미활동, 스포츠를 통해 지속적으로 사회적 관계를 맺고 있다. 이스라엘과 콜롬비아는 가족과의 관계, 호주와 코스타리카는 친구와의 관계를 중요하게 생각한다. 인간관계에서의 관계란 실제적인 의미의 관계다. 현 시대는 온라인 시대라고 불리지만, 관계는 가상이 아닌 오프라인으로 맺는 것이 중요하다. 4차 산업혁명 시대에는 기술이 발달하면서 오히려 외로움이 증가했고, 이것이 불행과 우울증으로까지 이어지기도 한다.

관계 맺기를 잘 하려면 공감능력이 있어야한다. 공감능력은 다른 사람이 느끼는 감정을 공유하면서 생기는 것이다. 이것이 서로의 얼굴을 마주하고 공감하면서 오프라인으로 관계를 맺어야 하는 이유다. 우리나라에는 전국 교도소 내에서 볼 수 있는 방송국이 별도로 있다. 그곳에서 '톡톡 무비스토리'를 진행한 적이 있었다. 한 달에 한 번 영화를 추천하고, 영화에 대해 간단한 소개를 한 뒤 장면을 어떤 관점으로 바라봐야 하는지, 치유적 관점으로 바라보는 시각 등에 대한 내용들이었다. 3년 정도 진행하다 그만 두었다. 가장 첫 번째 이유는 오프라인이 아니었기 때문이다. 그 이후로도 출소한 이들이 있는 곳에서 종종 프로그램을 진행하고 있지만, 공감하는 이 없는 세트장 안에서 카메라를 보고 영화를 소개하는 것에 답답함과 갈증을 느꼈다. 때론 가상세계의 만남도 좋지만, 서로 얼굴을 대면하고 만나는 것이 중요하다.

　다양한 대상들과 프로그램 진행 시 옆 사람과 마주앉아 서로의 눈을 마주보게 한다. '상대방의 눈동자에 자기의 모습이 보일 거예요.'라고 하며 30초 정도 바라본 후 소감을 물어보면 대부분의 경우 겸연쩍고, 쑥스럽고, 시선을 어디에 둬야 하는지 난감하다고 답한다. 그 순간을 모면하고자 웃거나, 말을 건네는 모습도 보게 된다. 우리는 하루 24시간 중 친구, 가족, 동료 등 그 누구에게도 30초의 시간조차 허락하지 않는다.

　윤가은 감독 영화 '우리들(The World of Us)'은 관계 맺기에 대해 잘 보여주는 영화다. 언제나 혼자인 외톨이 선. 교실이든 운동장이든 장소를 가리지 않고 아이들로부터 따돌림을 받던 선은 여름방학이 시작될 무렵 새로 전학 온 지아와 우연히 만나게 되고, 급기야 친한 친구가 된다. 둘은 서로의 비밀을 나누며 세상 그 누구보다도 친한 사이가 된다. 그러나 방학이 끝나고 2학기가 되어 만난 지아는 선에게 냉랭하게 대하기 시작한다. 선을 따돌리는 보라의 편에서 지아는 선을 외면하고, 선은 그런 지아와 관계를 다시 회복하고 싶어 하지만 상황은 자꾸 꼬여만 간다. 초등학생들이 주인공으로 나오는 영화이기에 자칫 아동 영화라고 간주될 수 있으나 전혀 그렇지 않다. 청소년, 어른 할 것 없이 관계 맺기에 서툰 우리들에게 생각해 볼 메시지를 던져 주는 '우리들'을 위한 영화다.

 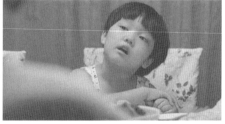

　어느 날, 선과 윤 두 남매는 식탁 의자에 앉아 김밥을 싸고 있었다. 이때 누나인 선이 윤의 눈 옆에 생긴 상처가 보이자, 매번 맞고 들어오는 다섯 살 윤에게 말한다.

"윤아. 너 왜 계속 연우랑 놀아…? 응? 아니…. 연우가 너 계속 다치게 하잖아. 맨날 상처내고 때리고 장난도 너무 심하고."

"이번엔 나도 같이 때렸는데?"

"그래?"

"응! 연우가 나 때려서~ 나도 쫓아가서 연우 팍 때렸어."

"그래서?"

"그래서? 연우가 이런 식으로 여기를 팍 때렸어!"

"그래서?"

"같이 놀았는데."

"놀았다고?"

"응! 보물찾기 하러 나갔는데?"

"야, 이윤. 너 바보야? 그러고 같이 놀면 어떡해? 다시 때렸어야지."

"또?"

"그래, 걔가 다시 때렸었다며. 또 때렸어야지!"

"그럼 언제 놀아?"

"응?"

"연우가 때리고, 나도 때리고, 연우가 때리고. 그럼 언제 놀아? 나 그냥 놀고 싶은데…."

2) 행복의 두 번째 요소: 베풀기(Giving)

사람들이 살아가면서 기쁨을 느낄 때는 자기 자신이 좋아하는 일, 원하는 일을 할 때다. 그런 일을 할 때는 하고 싶지 않은 일을 할 때처럼 '열심히' 해야 한다는 강박을 갖지 않는다. 자신이 좋아하는 일은 시키지 않아도 콧노래를 부르면서 한다. 한편, 다른 사람에게 어떤 형식으로든 대가를 바라지 않고 도움을 줄 때도 기쁨을 느낀다. 행복한 삶의 지표 중 하나는 '베풀기'다. 책임이나 의무를 가지고 베푼다면 이 또한 열심히 해야 한다고 여겨 지칠 수 있고 보상을 바라게 된다. 자발적으로 하기 보다는 '바빠서요.', '여유가 없어요.', '시간이 없어요.' 등 다양한 이유로 베풀기를 꺼리게 된다. 더욱 아름다운 세상을 위해 베푸는 삶을 어떻게 실천해야 하는지 잘 보여주는 영화가 있다.

영화 '아름다운 세상을 위하여(Pay It Forward)'는 실화를 바탕으로 만들어졌다. 중학교 교사 유진 시모넷은 아름다운 세상을 위하여 할 수 있는 것에 대해 생각하고 실천에 옮기라고 학생들에게 말한다. 그러면서 아름다운 세상을 위해 실천할 세 가지를 말한다. 첫 번째, '아침 밥 먹기', 두 번째, '잠을 충분히 자기', 세 번째, '지각하지 않기'이다. 일상에서 소소하게 실천할 수 있는 것이다. 한 명이 세 명에게, 그 세 명이 또 다른 세 명에게 실천하고 베풀면 점차 더욱 아름답고 좋은 세상을 만들 수 있게 된다. 친절을 베푸는 것은 차이를 만드는 것이다.

시모넷 선생님의 말을 듣고 트레버가 처음 실천한 행동은 굶주린 노숙자 한 명을 자기 집으로 초대하는 것이었다. 따뜻한 물로 목욕을 하게 한 후 식사를 함께 나누며 잠을 잘 수 있도록 방까지 제공해준다. 밤늦게 만취상태로 집에 돌아온 엄마가 아침이 되어서 잠을 자던 노숙자와 마주하며 소동을 일으키는 해프닝이 벌어지지만 그 노숙자는 처음으로 남에게 받아본 사랑의 베품으로 인해 트레버에게 감사하는 마음으로 차고에 오랫동안 방치되었던 자동차를 고쳐주고 떠난다. 길을 걷고 있던 노숙자는 난간에 매달려 죽으려고 하는 여자에게 손을 내밀며 자신이 받았던 사랑을 실천한다.

이 영화는 무엇인가 보상을 바라고 베푸는 것보다는, 마음에서 우러나오는 진정성을 가지고 베푸는 모습을 보여준다. 한 사람이 다른 사람에게 베풀고, 받은 사람이 또 다른 사람에게 나누면서 아름다운 세상을 만들어간다.

'Give and Take'의 저자 에덤 그랜트 조직심리학과 교수는 베푸는 사람들, 즉 다른 이들의 성공에 기여하는 사람과 받기만 하는 사람들을 조사해 자신을 희생하거나 베푸는 사람이, 받기만 하는 사람보다 훨씬 더 성공 가능성이 높고, 행복의 수준이 높다는 조사 결과를 발표했다. 다른 사람을 돕는 것은 자신을 돕는 것이다.

3) 행복의 세 번째 요소: 집중하기(Focusing)

집중은 마음을 다해서 몰입하고, 그 자리에 있는 것이다. 그 순간에 마음을 다하는 것이다. 지금 이 순간에 집중하면 다른 사람의 이야기를 경청할 때 나에게도 도움이 되지만 상대방에게도 긍정적인 영향을 미칠 수 있다. 진실한 관계를 형성할 수 있는 것이다. 아이들의 이야기를 잘 들어주면 자존감을 높일 수 있다. 경청해서 들어주면 말하는 이는 역경을 극복하고 나아갈 힘을 얻게 된다. 집중하면 현재의 순간에 선물을 받을 수 있게 되고 이것이야말로 특별한 경험이 되는 것이다. 영화 '쿵푸 팬더(Kung Fu Panda) 1'의 대사 중에 이런 말이 있다. '어제는 역사이고, 내일은 신비이고, 오늘은 선물이야.'. 즉, 'Present'이다.

영화 '빌리 엘리어트(Billy Elliot)'에서 주인공 빌리는 로열 발레스쿨의 오디션 장에 도착해 오디션을 본다. 곧 빌리가 심사위원들 앞에서 인터뷰를 마치고 나가려 하자 한 심사위원이 묻는다.

"춤을 출 때 어떤 생각이 드니?"

빌리는 잠시 머뭇거리다가 대답을 한다.

"모든 걸 잊어버려요. 내 몸 전체가 변하는 기분이죠. 마치 몸에 불이라도 붙은 느낌이에요. 전 그저 한 마리의 나는 새가 되죠. 마치 전기처럼요."

빌리는 자신이 좋아하고 원하는 것이 무엇인지 정확하게 안다. 자신이 좋아하는 발레를 위해 턴 한 번을 제대로 돌고자 연습실에서뿐만 아니라 집안 욕실에서, 침대나 권투장에서 끊임없이 연습한다. 결과가 어떻게 흘러가든 한 곳에 몰입한다. 이렇게 한 곳에 집중하는 순간은 아름다운 순간이다.

4) 행복의 네 번째 요소: 극복하기(Coping)

행복의 네 가지 요소 중에서 가장 놓치기 쉬운 요소는 어려움을 극복하는 것이고, 실패를 경험하는 것이다. 우리는 실패를 하거나 어려움에 처할 때 선택의 기로에 놓이게 된다. 문제를 외면하고 회피하는 반면, 실패와 어려운 경험을 통해서 교훈을 얻을 수도 있다. 극복하느냐 피하느냐는 결국 선택의 문제다. 하지만, 어려움을 극복하고자 한다면 더욱 강해질 수 있다. 외국어를 잘 하고 싶거나 악기를 잘 다루고 싶은 사람이 이론을 안다고 해서 실력이 늘지 않는다. 육체적, 정신적 근육을 키워야한다.

다르덴 형제의 영화 '내일을 위한 시간'에서는 산드라의 해고에 동의하는 동료 직원들에게 일천 불의 보너스가 약속된다. 이에 직원들 과반수가 동의를 한다. 이틀 안에 재투표가 진행된다는 결정이 나자 산드라는 동료 직원을 만나면서 불안한 마음과 사투를 벌인다. 시간이 흐를수록 산드라는 코너에 몰린다. 그때, 그녀의 편에 섰던 줄리엣이 나서서 도와주지만, 그녀 때문에 1년 치의 공과금을 포기하기는 어렵다는 동료, 군중심리를 보여주는 동료 등이 산드라의 삶을 더 힘들게 한다. 힘겨운 싸움이지만 산드라는 승패를 떠나 도전하는 자체에 의미를 두고 처해진 상황을 극복해나간다. 우리는 무엇을 행복이라고 말할 수 있을까? 복직하기 위해 회사와 마지막까지 고군분투할 때 산드라가 남편과 통화하며 한 말은 '행복하다.'였다.

또 한편의 영화는 인도 영화 '당갈'이다. 실화를 바탕으로 만들어진 이 영화 당갈은 힌디어로 레슬링 경기라는 뜻의 단어이다. 인도의 작은 시골마을에서 두 딸

기타와 바비타를 레슬러로 키우려는 아빠 싱 포갓은 새벽 5시에 딸들을 기상시켜 동네를 도는 것부터 시작해 레슬러의 삶을 살게 한다. 머리를 싹둑 잘라 짧은 머리로 다니는 모습과 이웃들과 전혀 다른 삶을 살아가는 모습에 동네 주민들은 미쳤다고 비웃고, 두 딸은 학교에 가면 친구들에게 놀림을 당하기 일쑤였다. 그럼에도 불구하고, 기타와 바비타는 아버지 싱 포갓의 가르침 아래 레슬링 기술을 익혀 동네 레슬링 대회부터 시작해서 전국 대회까지 제패한다. 결국 두 딸은 국가대표 레슬링 선수가 되었고, 인도 최초로 레슬링 금메달을 거머쥐게 되었지만 그 과정은 고난과 역경의 시간이었다.

"여자로 태어나는 순간부터 요리와 청소를 가르치고, 허드레 가사 일을 하게 하잖아. 14살이 되면 생전 본 적도 없는 남자에게 넘겨주는 거야. 혼인시켜 버려서 짐을 벗어버리지. 그리고는 아이를 낳고 기르게 만들어. 여자는 그게 다야. 적어도 너희 아버지는 너희를 자식으로 생각하고, 온 세상과 싸우면서 그들의 비웃음을 묵묵히 참고 있잖아. 너희 둘이 미래와 삶을 가질 수 있도록 하려고. 아버지가 하시는 게 뭐가 잘못됐지?"

결혼식 내내 어두운 얼굴을 하고 있었던 기타에게 친구인 신부가 던진 대사이다. 레슬링 선수로 살아간다는 것은 어쩌면 아빠 싱 포갓이 두 딸이 인도의 다른 여성들이 살아가는 대로 살기를 바라지 않았던 것일지도 모른다. 아빠는 딸들이 스스로 자신의 삶을 가꾸고 자신의 재능을 살려 당당하게 살아가는 주체적인 삶을 살기를 바랐다. 이렇게 자신의 삶의 주인으로 살아간다는 것은 하루아침에 이루어지는 것이 아니고, 하늘에서 뚝 떨어지는 것도 아니다. 그래서 아름답다.

시련이나 관계가 소원해지는 일은 영화에서 뿐만 아니라 우리가 살아가는 동안에 누구나 경험하게 되는 일이다. 중요한 것은 그 상황을 어떻게 바라보느냐와 해결하느냐는 방법이다. 극복하고 성장의 자양분으로 삼을 것인지, 외면하고 포기할 것인지 선택하는 것은 중요한 갈림길이다. 성공한 사람들은 실패를 경험하고 받아들인 사람들이다. 에디슨은 실패를 통해 성공할 수 있었고, '인생에서 실패한 사람 중 다수는 성공을 목전에 두고도 모른 채 포기한 이들이다.'라고 했다. 행복한 삶은 결코 어려움이 없는 삶이 아니다. 긍정심리학이나 행복이 말하고자 하는 바는 어려운 감정이 사라지도록 하는 게 아니고 대처하도록 배우는 것이다.

CHAPTER 02

에니어그램 성격심리학

1 에니어그램의 정의와 상징 체계

1) 정의

에니어그램은 '에니어(ennea, 9, 아홉)'라는 단어와 '그라모스(grammos, 도형·선·점)'라는 단어의 합성어이다. 즉 에니어그램은 그리스어로 '아홉 개의 점이 있는 그림'이라는 뜻이다. 에니어그램의 창시자들은 에니어그램이 원과 아홉 개의 점, 그리고 그 점들을 잇는 선으로만 구성된 단순한 도형이지만 그 안에는 우주의 법칙과 인간 내면의 모든 것이 상징적으로 표현되어 있다고 말했다.

에니어그램은 인간을 크게 9가지 유형으로 분류하며, 세상의 모든 사람들은 그중 하나의 유형에 속한다. 하지만 이는 사람을 9가지 유형으로만 단순히 구분 짓거나 획일화해 놓은 것은 아니다. 각 9가지 유형은 '문'과 같은 의미를 지니는데, 9가지 유형의 문을 통과하고 난 뒤에 사람들은 자신이 세상을 어떻게 보고 있는지, 가치관은 어떤지, 주로 어떤 관계를 맺고 있는지 내면의 여행을 떠나는 것이다. 이 여행에는 무수히 많은 관계들의 역동과 변형, 수준, 행동하게 되는 방식, 자신 내부의 동기들이 있고 이 가운데서 인간 세상의 다양한 모습들이 나오게 된다.

2) 기원

에니어그램은 약 4500여 년 전(기원전 2500년 전)에 중동 지방에서 발생한 것으로 추정된다. 에니어그램의 원리는 수천 년 동안 기독교, 불교, 이슬람교(특히 수피

즘), 유대교(카발라)에 의해 추적되어 왔으며, 이처럼 오랜 역사를 지녔기에 일각에서는 에니어그램을 '고대의 지혜', '보편적인 진리의 압축'으로 여기는 경우도 있다. 현대의 이론가들은 에니어그램이 어떤 한 가지 근원에서 온 것이 아니며, 고대의 전통에서 비롯된 지혜와 현대의 심리학이 결합된 것으로 보고 있다. 에니어그램 상징 개념의 기원은 비교적 명확하며, 구르지예프에 의해 설명되었다. 그는 많은 고대 종교적 전통에서 비롯한 지혜와 현대 심리학을 결합해 에니어그램을 처음 서구에 소개하였다. 그는 인간의 정신을 변화시킬 완전한 과학이 고대에 있었으나 그 지혜가 시간이 지남에 따라 소실되었다고 믿었다. 그래서 그는 소실된 고대의 지혜를 찾는 노력으로 '진리를 구하는 사람들(SAT, Seekers AfterTruth)'이라는 모임을 결성하여 정기적으로 연구한 것들을 나누었다. SAT 회원들은 이집트, 아프가니스탄, 그리스, 페르시아, 인도, 티베트 등 널리 수도원과 성지들을 돌아다니며 고대 전통의 지혜를 찾아다녔다. 이 과정에서 구르지예프는 에니어그램의 상징 개념을 찾아 설명한다.

3) 에니어그램의 상징 체계

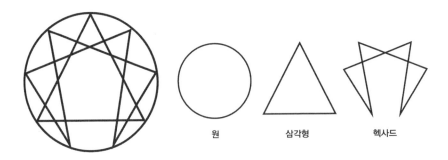

원   삼각형   헥사드

　　구르지예프는 에니어그램의 상징 개념을 다음과 같이 정리하였다. 우주를 상징하는 만다라인 원(circle)과 존재하는 모든 것들이 세 가지 힘으로 상호작용하며 안정적인 움직임을 통해 이루는 점 3, 6, 9의 삼각형(triangle)을 '제3의 법칙'이라고 표현하였다. 또한 끊임없이 움직이는 인간을 상징하는 헥사드(hexad)를 통해 존재하는 모든 것들은 멈추어 있지 않다는 것을 '제7의 법칙'으로 설명하였다. 구르지예프는 이 원, 삼각형, 헥사드의 세 가지 상징을 결합한 역동적인 상징 체계를 통해 에니어그램을 말한다. 그는 에니어그램의 상징 도형을 통한 성격 유형의 근원에 대해 서방에 전해주었으나 현대 에니어그램의 성격 유형론의 형태로 전개하지는 못했다.

❖ 원

고대로부터 원(Circle)은 인간이 도달하고 싶어 하는 이상향, 충만한 상징적 의미를 표현하고 있다. 이는 기독교의 후광, 불교의 십우도와 같이 우리 자신을 둘러싼 둥근 구의 모습, 그 안에서 하나가 될 우리의 모습을 나타내고 있으며 인간은 완전함을 추구하는 온전한 존재라는 것을 의미한다. 삶의 시작과 끝은 무한히 흐르는 완결된 순환과정으로, 인간은 본질적으로 우주와의 합일을 지향하는 존재로서 끊임없이 이어지는 연속성을 나타내고 있다. 원은 에니어그램 성격 유형간의 상호 연결성을 의미하고, 우주의 만다라, 해탈을 상징하고 있다.

❖ 삼각형

삼각형(Triangle)은 존재하는 것 중 가장 안전한 상징 도형이다. 인간은 한쪽으로 치우쳐 살아가는 것이 아니라 사고, 감정, 행동을 통해 이성과 감성과 의지를 골고루 조화롭게 발전시키며, 균형 잡힌 삶을 살아가는 존재로의 인격을 완성해가는 것임을 설명한다. 거의 모든 종교에서는 삼각형의 상징을 가지고 참 존재를 설명한다. 도교에서는 천(天), 지(地), 인(人)으로 설명하고, 힌두교에서는 비슈누(Vishnu), 브라흐마(Brahma), 쉬바(Shiva)로 삼원성을 설명한다. 불교에서는 불(佛), 법(法), 승(僧)에 대해서 설명하고, 기독교에서 유일신을 설명할 때도 성부, 성자, 성령 삼위일체로 설명한다. 이처럼 삼각형은 안전과 균형을 잡아주고 동시작용의 결과라는 것을 상징한다.

❖ 헥사드

헥사드(Hexad)는 인간 세계의 여러 가지 움직임을 보여주고 있는 좌우대칭적인 선들을 나타내며, 존재하는 모든 것은 정지되어 있지 않고 변화한다는 것을 의미한다. 1-4-2-8-5-7-1의 방향으로 사물과 인간 성장의 진행방향을 표현하였다. 구르지예프는 7의 법칙(옥타브의 법칙)을 상승과 하강을 반복하며 진행하는 모든 차원에서 일어나는 우주적 법칙이라고 하였다. 또한, 인간에게 내려가는 창조적인 우주적 옥타브와 인간이 올라가며 진화하는 우주적 옥타브가 존재한다고 하였으며 이는 심리적 성장과 퇴보를 의미한다.

4) 에니어그램 성격유형의 기본 가정

① 사람들은 한 가지 기본 유형을 가지며, 이 기본 유형은 다른 유형으로 바뀌지 않는다.
② 성격유형은 모든 나라, 모든 사람에게 통용되며 남성, 여성 동일하게 적용된다.
③ 기본 유형은 바뀌지 않지만 건강, 보통, 불 건강의 상태를 가지며 이런 상태는 항상 변화한다.
④ 1~9번의 수는 특별히 어떤 수가 뛰어나지 않으며 가치중립적이고, 긍정적이거나 부정적이지 않다.
⑤ 모든 유형에는 강점과 약점이 있으며, 어떤 유형도 다른 유형보다 뛰어나지 않다.
⑥ 강력한 기본 유형은 있으며 각자 9가지 특성이 어느 정도 내재되어 있다.

2 에니어그램 힘의 중심

에니어그램 시스템은 기본적으로 인간 성격의 근간을 장(본능) 중심, 가슴(감정) 중심, 머리(사고) 중심의 3가지로 보고 이를 에너지와 생명력의 근원 요소로 보고 있다. 우리가 반응과 자극을 받아들이고 이를 통해서 나타내는 행동의 형태들은 기본적으로 자극을 받을 때 결국 각 개인이 어떠한 에너지 중심을 가지고 반응하고 행동하는가에 관한 문제이며, 이를 통해 사람 사이의 성격 유형의 구분이 가능해진다. 인간 존재의 요소가 신체, 정신, 정서로 구성되었다고 볼 때 인간은 기본적으로 이들 중 하나에 에너지의 중심을 두고 살아간다. 그 에너지의 중심은 사고, 감정, 본능이며 신체와 연관 지어 표현하면 사람들은 머리, 가슴, 장 중 하나에 자신의 에너지를 두고 살아가고 있다. 머리, 가슴, 장이 균형을 이룰 때 안정적일 수 있으며 어느 하나의 중심을 우세하게 사용하면 균형이 깨지게 된다. 세 중심의 에너지 근원이 다르기 때문에 이 중심유형 중 자기의 뿌리를 찾는 것이 중요하다.

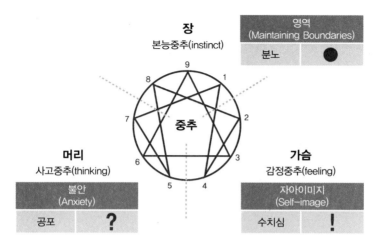

세 가지 힘의 중심(자아)

1) 장 중심

장(본능)에 에너지의 중심을 두고 살아가는 이들은 행동에 중심을 두고 있다. 그리고 자신을 보호하기 위해 끊임없이 타인과 나를 구분하며 지키는 '영역 유지(Maintaining boundaries)'를 위해 투쟁하며 살아간다. 따라서 이들은 자신의 경계에 타인이 침입하거나 도전하는 것에 대한 '분노'를 기본정서로 가진다.

장(본능) 중심의 사람들은 식도에서 항문에 이르는 위와 연결되는 소화기관을 의식의 신체기관으로 가지고 있다. 체격은 보통 튼튼하고 건장하며 잘 발달된 근육과 뼈를 가지고 있어 활동적으로 보인다. 이 유형들에게서 나타나는 모난 턱과 광대뼈는 다른 사람들에게 투쟁적으로 혹은 무표정하고 무정하게 보일 수 있다. 대체로 단호한 눈매와 도전적인 표정을 가지고 있으며, 진지해 보인다. 이들은 어린아이들에게도 엄한 표정을 지을 수 있기 때문에 아이들이 무서워하기도 한다. 진실 또는 현실에 초점을 두고 거기에서 자신의 권위를 드러내려 하며, 냉혹한 현실을 조정하고 질서를 회복하기 위해 본능적으로 저항함으로써 현실에 대처한다. 이들은 천성적으로 규율을 잘 지키는 사람들이며 다른 사람들도 규율과 통제에 따르도록 만든다. 결정을 내리는 과정에서 스스로의 욕구에 맞춰 상황에 대응한다.

담력이 있고 용감하며 객관적이고 원칙적이어서 다른 사람의 생각, 남에게 보여지는 모습, 혹은 개인적 감정 등은 중요한 고려대상이 아니다.

2) 가슴 중심

가슴(감정)에 에너지를 중심을 두고 살아가는 이들은 에너지의 중심을 감정, 가슴에 두고 있으며 자신이 스스로에게 또는 타인에게 어떻게 보일까에 대한 '자아 이미지(Self image)'에 대해 항상 고민하며 자기 자신을 찾기 위해 살아간다. 따라서 이들은 자신의 이미지가 타인에게 어떻게 비추어질까 의식하면서 '수치심'을 기본 정서로 가진다.

가슴(감정) 중심의 사람들은 심장, 순환기 계통을 의식의 신체 기관으로 가지고 있다. 체격은 보통 둥글둥글한 것이 특징이며, 매력적인 미소를 띠고 있고 얼굴이 부드러워 보기가 좋다. 반짝이는 눈으로 호기심을 가지고 만나는 사람들에게서 기쁨을 발견하려고 한다. 이들은 상대에게 관심을 보임으로써 상대가 딴 생각을 하지 못하게 한다. 상황 파악이 대체로 직관적인데, 이는 다른 사람들과 맺는 관계와 접촉 때문이다. 이들에게는 사람이 중요한데, 다른 사람들에 대한 관심이 많아 우정이나 친밀감을 중요하게 생각한다. 이들의 야망에는 보통 다른 사람 즉 친구들, 친척과 가족이 포함되어 있다. 몸이 아닌 마음에서 위험을 감지하고 냉혹한 현실에 감정적으로 반응하는 경향이 있다. 결정을 내리는 과정에서 사람을 매우 중요하게 생각한다. 자신의 인상, 감정, 영향을 받게 되는 사람이나 사회적으로 연관된 사람들을 생각하여 그들이 곤경에 처하지 않도록 한다. 만일 어떤 결정으로 인해 가까운 사람이 불리한 상황에 처하게 되면 그 문제를 해결해 주려 노력한다.

3) 머리 중심

머리(사고)에 에너지의 중심을 두고 살아가는 이들은 예측하지 못한 일이 일어날지도 모른다는 것을 항상 염두에 두고 살아간다. 이들은 머릿속에 항상 세상에 대한 '불안(Anxiety)'를 가지고 살아가며 불안으로부터 벗어나고자 사유한다. 따라서 이들은 세상을 위험하다고 느끼면서 '공포'를 기본정서로 가진다.

머리(사고) 중심의 사람들은 뇌, 중앙신경조직을 의식의 신체 기관으로 가지고 있다. 대체로 평평한 가슴과 긴 몸, 그리고 빈약한 근육발달로 허약하고 가냘프게 보인다. 대개 부끄러움을 타고 소심하며, 머릿속으로 만들어낸 불길한 생각으로 지레 겁먹은 것처럼 보이기도 한다. 이들은 관찰, 분석, 비교, 대조의 사고과정을 통하여 상황을 파악하기 때문에 분석과 연구를 위해 냉혹한 현실을 멀리하는 경향이 있다. 긴장하고 억제되어 있거나 내성적이고 무관심할 수 있다. 또한 대체로 이들은 공동체나 그룹 안에서 피난처를 찾는데, 공동체에 의지해서 감정적, 심리적, 영적인 지원을 얻으려하기 때문이다. 머리 중심의 사람들은 결정을 내리는 과정에서 결정이 논리적인지, 이성적인지, 타당성이 있는지, 그리고 그것이 권위자와 자기가 속한 집단에서 받아들여 질 수 있는지에 마음을 쓴다. 이들에게는 자기가 존경하는 이의 의견이나 그 문제에 관여하고 있는 권위자의 의견이 매우 중요하다.

3 영화 속 캐릭터 분석: 힘의 중심 관점

제목: 보노보노, Bonobono(1995)
감독: 난바 히토시
등급: 전체 관람가
줄거리:

숲 속의 세 친구 보노보노, 포로리, 너부리의 즐거운 일상.

바보스럽지만 착하고 귀여운 해달 보노보노와 그의 단짝 친구인 다람쥐 포로리, 숲속 제일가는 장난꾸러기이자 심술쟁이인 너부리는 언제나 호기심과 모험심 가득한 숲속의 생활을 즐긴다. 즐겁고 때로는 위험에 처하기도 하고, 싸우기도 하지만 야옹이 형을 비롯한 많은 숲속 친구들과 함께 우정을 쌓아간다.

1) 머리 중심-보노보노

특징: 자기보존, 사고와 생각에 몰두
지배적인 정서: 공포
관심사: 객관적 이치, 논리에 맞는 것을 알아내는 것
상황파악: 관찰, 비교, 분석
의사결정: 논리적, 이성적

"아빠, 저 소리가 뭐지요? 아빠, 저쪽에서 들려오고 있어요⋯.
바다를 향해서 소리를 지르면 틀림없이 나쁜 아이를 잡아먹는 귀신이 나타나나 봐."

보노보노는 느린 말투와 높낮이가 없는 일정한 목소리 톤으로 혼잣말을 중얼거린다. 멀리서 들려오는 소리에 불안해하고 "잡아먹힐 거야!"라며 머리 중심의 핵심감정인 공포를 나타내면서 무서워하지만 성급한 행동으로 옮기지는 않는다. 상황을 파악할 때도 포로리에게 "포로리야, 넌 어떻게 생각하니?"라며 관찰, 비교, 분석한 후에 의사결정하고 그 근거는 논리적이며 이성적으로 구성하려 한다.

2) 가슴 중심-포로리

특징: 사교적, 감정과 정서를 중요시
지배적인 정서: 수치심
관심사: 인간 위주이며 일 처리에 있어서 관계 중심적
상황파악: 직관적이고 주관적, 감정적, 타인관심
의사결정: 관여된 사람

"보노보노야, 나 포로리가 놀러 왔어. 같이 놀자."

사교적인 성격의 포로리는 먼저 다가가고 놀자고 말을 건넨다. 포로리는 보노보노처럼 호기심을 갖고 세상에 대한 물음표를 던지기보다 가슴중심의 관심사인 사람에 관심을 둔다. 의사결정을 할 때도 관여된 캐릭터인 보노보노와 너부리 등 친구들과 관계 맺기에 중심을 두고 살아간다. 동굴 안으로 들어가기 전이나 동굴 안에서 너부리와 보노보노에게 반응을 할 때도 감정적으로 대응하는 모습을 볼 수 있다.

3) 장 중심-너부리

특징: 적대적, 본능과 습관에 따라 행동.
지배적인 정서: 분노
관심사: 나의 의지와 힘이 가장 중요
상황파악: 진행하는 일, 현실조정, 통제
의사결정: 당연, 의무, 원칙

"뭐가 끝이야? 시끄러~!"

너부리는 포로리를 있는 힘껏 발로 뻥 찬다. 발로 차기 전에 '이렇게 해도 될까?' 생각을 하거나, 이렇게 하면 '아프지 않을까?'하며 감정적으로 그 상황을 느끼기보다는 발로 차는 행위로 자신을 표현한다. 그런가 하면 너부리는 조용히 여러 번 이야기해도 되는 상황임에도 불구하고 포로리나 보노보노에게 큰 소리로 이야기하거나 핵심감정인 분노(화)를 자주 보인다. 너부리는 동굴에 들어갈 때도 "이 세상에서 무서운 게 없어."라며 힘을 과시하고, 주변을 살피지 않으며 현재 자신이 해야 하는 본능에 따라 주저 없이 동굴 안으로 들어간다. 자기가 위협을 받고 있다고 느끼는 경우에는 더욱 화를 내기도 한다. 동굴 안에 들어갈 때는 자기가 결정한 사항에 대해선 당연히 실천해야 한다며 포로리와 보노보노에게 건너오라고 재촉한다.

4 에니어그램의 9가지 성격유형

에니어그램은 하나의 도구이자 시스템이며, 통찰력을 주는 하나의 원천이다. 에니어그램을 사용하는 두가지 영역은 자기에 대한 이해(자신을 있는 그대로 보는 것)와 타인에 대한 이해(좀 더 조화로운 인간관계)이다. 마법은 아니지만 에니어그램은 우리의 삶에서 행복하고 긍정적인 선택을 하는데 지혜를 주고, 우리가 스스로에 대한 문제의 진실을 보는 데 필요한 객관성을 준다.

에니어그램을 힘의 중심(머리, 가슴, 장)으로 다루었다면, 다시 힘의 중심별 세가지로 나누면 총 아홉가지 유형으로 구별된다. 에니어그램은 각 유형을 1부터 9까지의 숫자로 나타낸다. 가슴 중심에는 2, 3, 4번이 있고, 사고 중심에는 5, 6, 7번이 있으며, 장 중심에는 1, 8, 9번이 있다. 각 유형의 특징을 알기 쉽게 개념적으로 비교하기 위해 유형별 별칭을 사용하기도 하지만 일반적으로는 숫자로 나타낸다. 즉, 1번 유형은 개혁가, 2번 유형은 조력가 등으로 나타내기도 한다는 것이다. 숫자는 순위가 아니라 가치중립적인 속성을 품고 있다. 따라서 특정한 유형이 좋고 나쁘다 말할 수 없으며, 높은 숫자나 낮은 숫자가 성격의 좋고 나쁨을 의미하는 것은 더더욱 아니다.

인간은 9가지 다른 관점, 9가지 가치시스템, 9가지 삶의 방식을 가지고 있다. 예를 들어 약속을 정하고 목적지를 도착하는 패턴, 업무와 관련된 일을 처리할 때의 방법, 여행을 떠날 때 준비목록이나 어느 곳으로 갈지 목적지를 정할 때 등 같은 일이라 할지라도 유형에 따라 각기 다른 반응을 보인다. 이처럼 각 유형은 고유의 태도와 행동 방식, 방어기제, 동기와 습관 패턴을 갖고 있고 자기 유형에 맞는 독특한 성장의 처방전을 필요로 한다. 따라서 인간의 어떤 성격유형도 고유하며 아름답다.

1) 1번 유형: 개혁가

(1) 특징

합리적이고 이상적이며 매사에 완벽을 추구하는 유형이다. 항상 공정함과 정의를 염두에 두고 무슨 일이든 완벽하게 처리하며 정확하게 끝을 맺고 싶어 한다. 나는 옳고, 착하며 올바르다는 자아이미지를 지니고 있다.

너무 완벽함을 추구하다보니 세부사항을 지나치게 강조하고 지나친 비판을 하게 되며 인간관계보다는 일 처리가 더 중요하다.

(2) 강점: 침착

가치 지향적이고 양심적이며 도덕적이다. 매사 공정하고 정직하다.

(3) 약점: 분노

나무만 보고 숲을 못 본다. 내부에 비판자가 있어 스스로에게 엄격하다. 고지식하고 독선적이고 강박적이다. 규칙에 얽매이고 사소한 일에 걱정이 많고 흠을 잡는다.

2) 2번 유형: 조력가

(1) 특징

친절하며 배려심이 많고 도움이 필요로 하는 사람에게 도와주는 것을 좋아한다. 직관적이며 타인의 필요를 직관적으로 알고 어느 곳에서든 소외된 사람이 있는지 분위기를 살핀다. 무언가 남에게 줄 수 있으며 도움이 되고 필요한 사람이라는 자아 이미지를 지니고 있다.

이들은 근본적으로 사랑받지 못할까봐 두려워한다. 사랑받기 위해서 남에게 도움을 주는 사람이 되려고 집착한다. '아니오.'라는 거절을 잘 못하고, 정작 자신의 감정은 잘 알아차리지 못한다.

(2) 강점: 겸손

정이 많고 사람을 잘 돌보고 다룬다. 매사 적응력이 뛰어나며 사람들의 기분을 곧잘 이해한다. 남들을 칭찬하고 지지하며 관대하고 부드럽다.

(3) 약점: 교만

남을 돌보느라 자신에게는 소홀하게 한다. 순교자처럼 행동하고 부정적이고 기분 나쁜 이야기는 돌려서 표현한다. 남이 시키는 대로 한다. 히스테리가 심하다.

3) 3번 유형: 성취자

(1) 특징

성공 지향적이고 실용주의적 유형이다. 항상 효율을 중시하고 성공을 위해서는 자신의 생활을 희생시키더라도 개의치 않는다. 인생의 가치를 '실패냐 성공이냐'라는 척도로 보고 실적을 중시하는 열정적인 사람으로, 일이나 인간관계에서 성공을 꿈꾼다. '성공했다', '일을 효율적이고 성공적으로 완수해 냈다'는 것에 만족감을 얻는다.

이들의 근본적인 두려움은 자신이 가치 없는 사람으로 보이는 것이다. 그래서 성공에 집착한다. 자신의 이미지를 성공적으로 보이기 위해 진실을 가장하거나, 감정 중심적임에도 감정을 나타내지 않는다.

(2) 강점: 정직

일 처리가 매우 빠르다. 매사 긍정적이며 자신감에 차 있다. 유능하며 어디에서든 주목을 받는다. 화술이 좋다. 자신의 힘으로 일을 추진하고 정열적이다.

(3) 약점: 기만

일 중독자처럼 죽도록 일만 한다. 잘난 척을 하고 자기 도취에 빠지기 쉽다. 지나치게 경쟁적이고 성공을 위해서라면 약삭빠르게 행동한다. 이미지를 의식한다.

4) 4번 유형: 예술가

(1) 특징

자기 자신을 특별한 사람이라고 자부하며 독특한 것을 추구하는 유형이다. 무엇보다도 감동을 중시하고 평범한 것을 거부하고 다른 사람들보다 슬픔과 고독을 진하게 느낀다. 자기중심적인 4번 유형의 자아 이미지는 나는 특별하고 독창적이며 다른 사람과 다르다는 것이다.

이들의 근본적인 두려움은 그들 스스로가 '정체성이 없음', '자신이 중요하지 않은 존재'일지도 모른다는 것에 있다. 즉, 이들은 자신이 어떠한 존재인지를 모른다면 죽을 수도 있다는 본질적 두려움을 가지고 살아간다. '나는 너와 달라'라며 이들은 남과 다른 내면의 세계를 추구하고 특별한 사람이라는 것을 다른 사람들에게 드러내고 싶어 한다. 왜곡이 되면 자신만의 감정 속으로 들어가서 방종이 된다.

(2) 강점: 마음의 평안

아름다움을 보는 눈이 남다르다. 독창적이고 개성이 뚜렷하다. 감각적이며 직관적이다. 예술적 재능이 있으며 감수성과 표현력이 풍부하다. 타인에 대한 이해, 사람들을 배려하고 격려하는 것을 좋아한다.

(3) 약점: 선망

특별함, 고유함에 광적으로 빠져 다른 사람에게 무심하다. 사소한 일에도 예민하게 반응하며 쉽게, 깊이 상처를 받는다. 감정 기복이 심하다. 옹고집을 부리거나 변덕스럽다.

5) 5번 유형: 사색가

(1) 특징

고독을 즐기며 자신만의 시간과 공간을 아주 중요하게 여긴다. 현실을 세밀하게 파악하는 능력과 통찰력이 있다. 객관적이고 초연한 태도를 일관되게 유지하려고 하며 말이 대체적으로 적고 태도 또한 조심스럽다. 일을 시작하기 전에는 '아는 것이 힘이다.' 라는 생각에 정보를 열심히 수집해 상황을 정확하게 파악하려고 한다. 어리석은 판단을 내는 것을 두려워하며 '지혜로운 사람', '현명한 사람', '무엇이든지 잘 알고 있는 사람'이라는 것에 큰 만족감을 느낀다.

이들의 근본적인 두려움은 자신이 쓸모없고 무능한 사람이 될까봐 두려워한다. 그래서 유능한 사람이 되기 위해 지식을 탐하고 정보 수집에 집착한다.

(2) 강점: 무 애착

지적이고 현명하다. 끈기와 자제력이 있다. 통찰력이 있고 지식이 풍부하다. 사려 깊고 객관적이다.

(3) 약점: 탐욕

시간, 돈, 욕구 등을 나누려하지 않는다. 지적으로 인색하고 아까워한다. 지나치게 내성적이며 소극적이다. 오만하고 옹고집이 있다. 감정을 이야기하라고 하면 생각을 말한다. 쌀쌀맞고 관계 맺는데 어려워한다.

6) 6번 유형: 충성가

(1) 특징

책임감이 강하고 안전을 추구하는 유형으로 규범과 규칙을 중요하게 여긴다. 자신이 속해 있는 집단이나 공동체에 안정감을 느끼고 강한 충성심을 갖는다. 자신에게 주어진 일에 최선을 다하고, 조화를 이루고 믿음직스럽다. '충성스럽고 믿을 만 하다'는 것에 만족감을 느낀다.

이들의 근본적인 두려움은 자신이 도움을 받지 못하는 사람이 될까봐 두려워한다. 그래서 자신을 이끌어줄 강한 리더, 멘토 등에게 충성심을 보이고 집착한다.

(2) 강점: 용기

책임감이 있다. 사람들과 상부상조를 잘 한다. 마음이 따뜻하고 남을 잘 도와준다. 팀플레이에 충실하고 문제 해결 능력이 있다. 맡은 일에 의무를 다 하고 실질적이다.

(3) 약점: 겁

매사 비관적이고 경계심이 지나치게 많다. 권위에 집착하며 자신을 지나치게 방어한다. 확실하다고 검증된 틀 안에서만 행동하거나 시키는 대로만 하려고 한다. 책임감에만 신경을 써 융통성을 잃어버리기 쉽다. 우유부단하며 자신감이 부족하다.

7) 7번 유형: 낙천가

(1) 특징

매사 낙관적으로 바라보고 긍정적이다. 밝고 명랑하며 자신의 주변에서 즐거움을 찾아내는 능력이 뛰어나다. 다재다능하며 매력적이며 주변에 좋아하는 사람이 많이 있다. 다양한 아이디어와 상상력이 풍부하며 호기심이 많다. '항상 즐겁다',

'너무나 유쾌하다', '앞으로의 계획이 무궁무진하다'라는 것에 만족감을 얻는다.

이들의 근본적인 두려움은 박탈당하거나 고통 받는 것에 있다. 그래서 불행해지지 않으려고 늘 즐거움을 찾으며 행복하려고 한다. '나는 행복하고 멋지다' 주문을 건다.

(2) 강점: 절제

호기심이 왕성하고 낙천적이다. 신기한 세계를 탐색한다. 신속하고 열정적이다. 상상력이 풍부하다. 모험을 즐긴다.

(3) 약점: 탐닉

현실을 회피하고 충동적이다. 요행수를 노린다. 한 가지 일에 집중하지 못하고 자제력을 잃어버린다. 변화를 위한 변화를 추구한다. 인내심이 부족하고 즐거움이나 쾌락을 추구한다. 안정감을 상실한다.

8) 8번 유형: 지도자

(1) 특징

용기와 힘이 넘치고 리더십이 탁월하다. 자기 영역, 자기 사람을 중요시하며 자신의 이미지와 같지 않으면 배척한다. 거드름을 피우지 않고 성실하며 약자를 보호하려고 한다. 자신이 강하고 힘이 있다고 여긴다. 단호하고 흔들리지 않으며 도량이 넓다. 어린 아이와 같은 순수함이 있다. 직설적이며 솔직하다.

이들은 근본적으로, 통제 당할까봐 두려워한다. 따라서 자신이 통제하려한다.

(2) 강점: 적절한 힘

강하지만 부드럽다. 독립적이다. 정의로우며 사람을 감싼다. 자신감이 있고 당당하다. 허세를 부리지 않는다. 권위가 있다.

(3) 약점: 과도한 욕망

자기중심적이다. 억지를 부리거나 반항적이다. 분노의 화신이다. 자신만의 정의로 남을 조종하려한다. 약한 모습을 보이지 않으려하고 약점과 한계를 인정하지 않는다. 오만하고 둔감하다.

9) 9번 유형: 중재자

(1) 특징

갈등이나 긴장을 피하는 평화주의자로 내면이 혼란스러워지는 것을 싫어한다. 편견이 없고 만족스러워하며 양보하는 유형이다. 입장을 바꿔 생각하고 사람들에게 이해받고 있다는 느낌과 안정감을 준다. 다른 사람의 기분을 이해할 줄 알기 때문에 타인의 고민을 잘 들어준다. '안정감이 있고 조화로운 사람이다'라는 것에 만족감을 느낀다.

이들은 근본적으로, 혼자 남겨져 타인과 연결이 끊어질까봐 두려워한다. 따라서 다른 사람들을 잃지 않기 위해 집착한다.

(2) 강점: 행동으로 옮기기

태평하고 평화롭다. 온순하고 마음이 넓다. 인내심이 강하고 끈기가 있다. 편견이 없으며 넓게 받아들인다.

(3) 약점: 게으름(자기 망각)

갈등을 회피한다. 숲만 보고 나무를 못 본다. 둔감하고 현실적인 대처를 못한다. 옹고집을 부린다. 쉽게 심란해하며 자신의 의견을 타인에게 어필하지 못한다. 타인에게 지나치게 동일시한다.

5 영화 속 캐릭터 분석: 9가지 성격유형 관점

제목: 미스 리틀 선샤인,
　　　　Little Miss Sunshine(2006)
감독: 조나단 데이턴, 발레리 페리스
출연: 스티브 카렐(프랭크), 토니 콜렛(쉐릴),
　　　　아비게일 브레스린(올리브)
등급: 15세 이상 관람가
줄거리: 7살 올리브는 미스 아메리카 대회의 우승
장면을 돌려보며 미인대회에 나가는 꿈을 꾼다.
올리브의 가족은 평범한 듯 평범하지 않다. 대학
강사인 아빠 리차드는 본인의 절대무패 9단계 이
론을 판매하려고 하지만 성공적이지 못하다. 이
런 남편이 못마땅한 엄마 쉐릴은 2주째 닭 날개
튀김을 저녁마다 내놓는다. 헤로인 복용으로 양

로원에서 쫓겨난 할아버지, 전투기 조종사가 될 때까지 가족과 말하지 않겠다고 선언한
아들 드웨인, 이 집에 얹혀살게 된 외삼촌 프랭크까지 가족들이 한데 모여 이어지는 영
화다.

영화 속 등장인물들

1) 영화 소개

부부감독인 조나단 데이턴과 발레리 패리스가 연출한 '미스 리틀 선샤인(Little Miss Sunshine, 2006)'은 선댄스 영화제, LA 비평가 협회, 세자르 영화제, 스톡홀름 영화제, 산세바스티안 국제영화제 등 각종 영화제에서 수상을 하며 좋은 평가를 받은 가족 영화다. 저예산으로 만들어진 영화임에도 불구하고 개봉 4주차에 153개 극장에서 691개 극장으로 상영관 수를 늘리며 주말 3일 동안 561만 불의 수입을 벌어들이는 등 주말 박스오피스 3위에까지 올라서는 기염을 토했고, 1억 불 이상의 수익을 거둬들이기도 했다.

영화의 제복인 '미스 리틀 선샤인'은 캘리포니아 주에서 열리는 어린이 미인 대회의 타이틀이다. 어린 딸 올리브를 미인 대회에 참가시키기 위해 온 가족이 폭스바겐 미니버스를 타고 가면서 겪게 되는 에피소드를 담았다. 이 영화는 가족 후버가(Hoover家)를 중심으로 스토리가 진행이 되는데 혈연관계로 이어진 사람들을 한곳에 몰아넣고, 그 과정에서 일어나는 상황들을 열거하며 그 안에서 피어나는 애정을 다루어 신선함을 더해주고 있다. 후버 가족들은 각자 저마다의 색깔로 좌충우돌하며 고난을 겪게 된다. '뭐 이런 가족이 다 있어?'라는 짜증이 나거나 우스꽝스럽게 느껴질 수 있는 가족의 삶을 따라 가다보면 결국 환희의 웃음을 짓게 된다. 올리브와 함께 떠나는 여행의 여정에서 가족들은 그들만의 방식으로 고난과 역경을 풀어나간다.

이 영화는 후버 가족이 지닌 각각의 갈등과, 그 갈등이 상호 소통부재에 이르러 결국 가족의 해체로 이어지는 위기 상황을 설정해두었다. 하지만 동시에 이 위기는 결국 가족이 서로 소통하고 단결하는 계기가 되는, 해결의 실마리이기도 하다. 이들이 겪는 갈등은 가족 간 개개인의 문제에서 사회적인 문제로 영역이 확대된다. 올리브가 미인대회에서 예쁜 소녀들에 주눅이 들지만, 결국 스스로 판단해서 포기하지 않는 용기와 의지력을 보여주는 영화다. 이 영화는 가족들이 끊임없이 크고 작은 위기가 발생되는 삶을 어떻게 헤쳐 나가며 자신의 내적갈등을 치유하고, 건강한 가족으로 재탄생시키는지 잘 보여주는 구조로 구성되어 있다.

이 영화는 가족 공동체의 힘으로 승자와 패자, 열등감, 콤플렉스 등을 극복해 나가는 과정을 담고 있다. 미인대회에서 올리브는 아이가 추는 춤과는 완전 다른 모습의 춤을 춘다. 일반적으로 알려진 틀을 깨고 올리브는 이 춤을 통해 섹슈얼리티를 수면 위로 드러낸다. 이 미인대회의 본질이 섹슈얼리티와 연관이 있다. 그러면 왜 섹슈얼리티를 희미하게 숨기고 있는 다른 참가자들은 '위너'에 '고급'으로 취급받고, 대회의 본질인 섹슈얼리티를 겉으로 드러낸 올리브의 춤은 '저급'으로 취급받는 것일까? 미인대회의 본질인 섹슈얼리티를 숨기고 '고급'으로 취급받는 상황을, 올리브가 겉으로 드러냄으로써 애초에 미인대회 자체가 자신의 춤과 다르지않은, 어쩌면 '저급한' 문화라는 것을 드러낸다. 따라서 이 미인대회, 그리고 그 '승자와 패자' 관계를 해체하는 것일지 모른다.

이는 동생이 누군가에게 점수가 매겨지길 원하지 않는다는 드웨인의 대사에서도 잘 나타나 있다. 여기에 적용시키면 올리브는 미국인의 사회적 계층과 삶 그 자체를 해체하는 것으로도 볼 수 있다. 이런 올리브의 행위는 심사위원의 제재를 받는다. 이런 상황에서 정말 나서야 할 때를 알고 나서는 아버지의 용기 있는 결단을 통해 가족은 하나가 되는 힘을 발휘하고 이제까지 외치던 승자와 패자의 판을 뒤흔든다. 바로 이 점이 본 영화에서 그 어떤 점보다 주목하며 보아야 할 부분이다.

2) 영화 줄거리

'미스 리틀 선샤인'은 각기 개성이 뚜렷한 여섯 명의 인물로 이루어진 후버 가족의 이야기이다.

대학 강사인 가장, 리처드는 본인의 절대무패 9단계 이론을 판매하려는 열정적인 시도를 거듭하지만 성공하지 못하고 있음이 빤히 보인다. 이런 남편을 못마땅해 하는 엄마 셰릴은 2주 째 닭 날개 튀김을 저녁마다 내놓고 있어 할아버지의 화를 사고 있다. 헤로인 복용으로 최근에 양로원에서 쫓겨난 할아버지는 15살 손자에게 섹스가 무조건 중요하다고 가르친다. 그런가 하면 조종사의 꿈이 이루어질 때까지 가족과 말하지 않겠다고 선언한 아들 드웨인은 9개월째 자신의 의사를 노트에 적어 전달한다. 하루하루가 편할 날이 없는 집안에 얹혀살게 된 외삼촌 프랭크는 애인한테 차인 후에 자살을 기도해 병원에 입원했다가 방금 퇴원한 프로스트 석학이다. 마지막으로 7살 막내딸 올리브는 또래 아이보다 통통한 몸매에 평범한 외모이나 유난히 미인대회에 나가고 싶은 욕망을 잘 표현하고 있다.

그러던 어느 날, 올리브에게 캘리포니아 주에서 열리는 쟁쟁한 어린이 미인 대회인 미스 리틀 선샤인 대회 출전의 기회가 찾아온다. 다이어트 약으로 무리하게 살을 뺀 1등이 대회 출전 자격을 박탈당한 것. 우여곡절 끝에 딸아이의 소원을 위해 온 가족이 낡은 미니버스를 타고 1박 2일 동안의 무모한 여행길에 오르게 된다. 하지만 초반부터 삐꺼덕거리던 이 가족의 여행길이 순탄할 리는 없다.

여정 중에 고물 버스의 클러치가 고장이 나고, 리처드는 자신의 사업이 완전히 망했음을 알게 되며, 삼촌은 전 애인 커플을 만나고, 약물복용을 과다하게 했던 할아버지는 죽음을 맞게 된다. 그런가하면 드웨인은 자신이 색맹이라 조종사 시험을 치룰 수 없게 되었음을 알게 된다. 이렇게 올리브의 대회를 위해 달려가는 차 안에서 후버 가족의 갈등은 점점 더 커져만 간다.

후버 가족은 본질적으로 모두 각자 자신만의 세계에 고립되어 있다. 그리고 그들은 모두 제각각 자신이 바라는 승리자의 반열에 오르지 못한 실패자로 비친다. 그러나 그들은 자신을 비추는 거울처럼 닮아있는 가족들을 이해하지 못한 채 자신이 평가된, 그래서 좌절할 수밖에 없었던 사회의 편견 속에서 서로를 바라본다. 때문에 이들이 모여 있는 공간, 즉 집과 여행길을 가는 차안은 상처를 주고받는 소모적인 언쟁으로 가득 차게 된다.

리처드는 끊임없이 자신의 모든 일상과 주변 사람들까지 성공이론 9단계에 대입하며 위너와 루저를 구분하지만, 성공해본 적도 없는 사람의 성공이론에 귀를 기울여 주는 사람은 아무도 없다. 드웨인 역시 세상과 가족들을 포함한 사람들이 싫다고 말하면서도 제트기 조종사라는 사회 구성원이 되기 위해 노력한다. 자신들의 삶 자체가 모순덩어리인 것이다. 후버 가족은 각각의 사건들 속에 더욱 더 루저로서의 모습을 갖춰간다. 그러나 클러치의 고장으로 멈출 수 없는 고물 차처럼 이들은 막내 올리브의 승리를 위해 앞으로 계속 달려 나간다.

미인대회에 도착했을 때, 마치 어른들의 미인대회의 축소판과 다름없는 화려한 의상과 아이들이 그에 걸맞는 화장을 하고 인형 같은 표정을 짓는 모습을 목격하게 된다. 가족은 그런 그들만의 장기를 펼치는 참가자들을 보고 올리브마저 실패의 좌절을 맛볼까봐 걱정한다. 그러나 올리브는 꿋꿋하게 무대에 올라선다. 진정한 승리자란 실패를 두려워 도망가는 비겁자가 아니라는 할아버지의 말씀대로 그동안 할아버지에게 배워 꾸준히 연습한 춤을 선보인다. 올리브는 춤을 추기 시작하고 관객들은 다들 경악한다. 왜냐하면 할아버지가 그동안 올리브에게 가르쳐준 그 춤은 다름 아닌 스트립쇼에서나 볼 법한 이른바 '저급한' 춤이었기 때문이다.

다른 사람들이 야유를 하며 올리브를 무대에서 끌어내리려고 할 때 가족들은 올리브의 무대를 끝까지 지켜주기 위해 무대에 모두 올라 올리브와 함께 춤을 추기 시작한다. 이들은 결국 경찰서에까지 가 앞으로 캘리포니아주에서 열리는 모든 미인대회 출전을 금한다는 처분을 받았지만 그럼에도 불구하고 진심으로 웃으며 집에 돌아갈 수 있게 된다. 비록 올리브가 미인대회에서 1등을 하지는 못했으나 마지막 순간 가족들이 보여 준 행동은 손가락질 받으며 느껴야 할 좌절감이나 패배감은 아니다. 자신이 최선을 다한 결과에 진정으로 웃을 수 있는 마음의 여유와, 어떤 모습이든 서로가 함께 하며 끝까지 응원해주고 지켜봐줄 수 있는 가족들이 있었기 때문이다.

3) 영화 속에 등장한 캐릭터 분석

(1) 할아버지

"어릴 때 일수록 많은 여자를 경험해야 해. 그래야 후회와 실수를 안 하지. 인생은 즐기며 살아야 하는 거란다."

요양원에서 헤로인을 복용하다 쫓겨났지만, 이후에도 아무도 모르게 복용을 한다. 그는 히피문화를 즐기는 자유분방한 모습이고, 지긋한 나이에도 불구하고 성인물 잡지를 보거나 마약을 하는 등 상식이란 도통 찾아볼 수 없는 인물로 묘사된다. 그러나 손녀 올리브를 너무나도 사랑스러워하며 올리브가 걱정을 할 때는 든든한 의논상대가 되어 준다. 힘들고 어려운 상황에서도 가족 중에서 '포기하지 않는 것'의 중요성을 알고 가족을 바꾸는 계기가 되어 주는 인물이다.

(2) 아빠 – 리처드

"이 세상엔 두 부류의 사람이 있지. '성공한 자'와 '실패한 자'. 정신을 바짝 차리지 않으면 실패자로 전락하게 되는 거야."

'성공해야 해.', '무엇보다 중요한 건 성공이야.'라며 성공이란 단어를 입에 달고 살아간다. '성공을 위한 9단계 이론'을 판매해 돈을 벌려고 한다. 그는 이론을 홍보하기 위해서 강연과 출판 계약 등에 집안의 전 재산을 투자했다. 세상에는 승자와 패자 두 종류의 인간이 존재한다고 믿고 사람들의 마음속에 있는 승자를 깨울, 제대로 된 방법만 있으면 모든 사람이 꿈을 이룰 수 있다고 생각한다. 또한, 자신이 고안한 '성공을 위한 9단계 이론'이 바로 그것이라고 확신한다. 하지만 가족 누구에게도 공감 받지 못하며 파산이란 끝을 맺는다. 초반엔 지나친 가부장적인 면모를 보이는 부정적 인물이었으나, 이 여정 동안 '진정한 가장'으로 거듭나는 등 가장 많은 변화를 보여주는 캐릭터이다. 딸을 지키기 위한 일이라면 자기 자신의 체면 따위는 아랑곳하지 않고 당당하게 나아가는 모습을 보여준다. 그가 '미스 리틀 선샤인' 무대에 올라가 춤을 춘 것은 가족이 위너, 루저 게임에서 벗어나 진정한 승리자가 되는 계기를 마련해준다.

(3) 엄마 – 셰릴

"미인대회는 올리브가 꿈꿔왔던 일이야. 올리브에게 기회를 줘야해. 어른들의 생각으로 이래라 저래라 할 수는 없어."

성공하기를 바라고 있지만 능력 없는 남편을 못마땅해하는 아내인 동시에 올리브의 엄마다. 셰릴 역시 행복해 보이는 표정은 찾아 볼 수 없고, 가족들의 저녁상을 툭하면 인스턴트 프라이드치킨과 음료수, 샐러드로 차려 낸다. 이는 삶에 지치고 가족의 질적인 삶에는 의미부여를 하지 못하는 고단한 그녀의 현재 모습을 대변해주고 있다. 남편을 신뢰하지 못해서 매번 일이 잘 되어 가고 있는지 확인하고, 아들 드웨인의 침묵이 그저 수행과정이나 소망을 이루기 위한 선언을 한 것이라고 잘못 파악하고 있다는 점에서 아이들에 대한 무관심도 엿보인다. 하지만 영화 후반, 딸 올리브를 믿고 아이에게 스스로 자신의 행동을 결정하게끔 도와준다.

(4) 외삼촌 - 프랭크

"사랑을 잃고, 학술적 권위마저도 상실했어. 살아갈 이유가 없어."

프랭크는 자살을 시도했다 실패하고 혼자 있게 해서는 안된다는 의사의 조언 때문에 올리브 집으로 오게 되었으며, 자칭 미국 최고의 프루스트 학자다. 하지만 자신보다 못하다 생각했던 사람에게 애인을 빼앗기고, 해고를 당하고, 학회에서 주는 큰 상마저 경쟁상대에게 빼앗기자 자살을 결심한다. 이런 그의 모습과, 그가 몇 차례 이야기한 '미국에서 제일가는 프로스트' 학자란 대사에서 어쩌면 그가 은연중에 보였을 지식인의 오만함과 정작 필요한 것은 갖지 못한 우울한 유약함을 보게 된다. 갈 곳이 없어 동생 집에 머물다가 올리브 가족과 동행을 하게 되고 드웨인과 이야기를 나누고, 함께 하면서 자신을 찾아가는 계기를 마련한다.

(5) 아들 - 드웨인

"인생은 허무한 것. 아무도 내 고민을 이해하지 못해. 항공학교에 들어가서 비행기 조종사가 될 때까지 난 누구와도 이야기하지 않겠어."

철학자 니체에 빠져 조종사 시험에 합격하기 전까지 말을 하지 않겠다고 가족들에게 선언한 뒤, 9개월째 자신이

하고자 하는 말을 메모지에 담아 의사를 전달하는 청소년이다. 사실 그의 침묵은 학교란 사회에 편입될 수 없는 아웃사이더의 도피이자 가족을 혐오하는 몸의 언어이자 부르짖음이다. 차를 타고 가다가 우연히 자신이 색맹임을 알게 되고 그로 인해 조종사가 될 수 없음을 알게 되자 정신적 공황상태에 빠지게 된다. 이런 과정을 통해 오히려 가족과 이야기를 풀어나가는 단초가 되는 계기가 된다.

(6) 막내딸 - 올리브

"미스 리틀 션샤인 대회에서 반드시 우승 할 거야. 난 자신 있어. 그런데 실패하면 어떡하지?"

일곱 살 여자 아이인 막내 올리브는 미인대회에 열광하며 녹화된 '미스 아메리카' 대회 장면을 거듭 보면서 따라한다. 또 친척 집에 놀러갔다 우연히 참가한 어린이 미인대회에서 2등을 하고 '리틀 미스 선샤인' 대회에 출전하기 위해 맹연습한다. 하지만 올리브는 불안해한다. 그녀의 밝은 미소 뒤에는 사실은 자신이 예쁜 소녀가 아니며, 아빠가 싫어하는 실패자가 될 것이란 은밀한 불안이 내제되어 있는 것이다. 대회의 기준에는 부합되지 않지만 출전하고 싶어하는 열망을 꿈으로 놔두지 않고 스스로 도전하는 용기를 낸다.

5) 에니어그램으로 본 유형 탐색

우리가 겪는 대부분의 위기는 인간관계 안에서 일어난다. 그 관계가 친밀하면 친밀할수록 갈등 상황에 노출되거나 스트레스를 받을 가능성이 높아진다. 특히 부부관계는 그 어느 관계보다도 밀접하고 강렬하며 책임과 의무가 따르기 때문에 극복하기 힘든 위기가 끊임없이 밀려오기 쉽다. 부부간의 갈등은 근본적으로 요구체계간의 갈등이다. 이때, 한 사람의 요구가 다른 한 사람의 요구와 정면으로 충돌하는 경우가 발생한다. 영화 속 인물을 정확히 판단할 수는 없지만 다음과 같이 에니어그램 유형으로 탐색할 수 있다.

(1) 셰릴: 9번 유형

9번 유형의 어머니 셰릴은 수용적이고 인내심이 있으며 편안한 상태를 추구하고 조화를 이루는 것을 중요하게 여기는 성격이다. 조정자인 이들은 물이 흐르듯이 갈등이나 어려움이 없는 상태로 살아가기를 원한다. 그러나 셰릴의 삶은 녹록지 않다. 어린 딸은 돌 볼 시간이 없어 언니한테 맡기고, 집안 살림을 할 마음의 여유조차 없다보니 인스턴트 음식으로 식사를 대신한다. 남편은 성공을 향해 동분서주하지만 뭔가 성과가 나오지 않아 만족스럽지 않다. 이때 아내 셰릴은 직접 화를 내거나 분노를 직접적으로 표현하지 않고, 저만치 떼어놓고 억압함으로써 9번 유형의 강점인 마음 속 평온과 평정을 유지하려한다. 혼란스러운 면을 무시하고 무감각해짐으로써 어느 정도의 위안을 찾는 부분은, 자살을 하려다가 실패한 오빠를 찾아가 무사해서 다행이라며 안아주는 셰릴의 모습에서도 드러난다. 이와 같이 9번 유형에 해당하는 편견 없이 타인의 고민을 잘 들어주고 넓은 포용력의 모습을 보여준다. 9번 유형에 해당하는 셰릴은 갈등을 회피하며 피하려고 했던 자신으로부터 벗어나 'yes'가 아닌 'no'를 말할 수 있게 된다.

(2) 리처드: 3번 유형

3번 유형의 아버지 리처드는 성공을 인생에서 가장 중요하다고 생각하며, 사람의 가치는 그가 무엇을 성취했는가에 따라 좌우된다고 믿는다. 모든 일에 계획이 준비되어 있으며, 계획을 실천하기 바쁘다. 아버지 리처드는 아들 드웨인의 침묵수행을 바라보는 관점이 3번의 자아 이미지를 나타내듯 성공한 사람, 능력 있는 사람이 되기를 바란다. 이런 상황에 아들과 아버지의 대화는 단절로 나타나고 아버지의 교훈적인 말은 아들에게 전달되지 못한다. 딸 올리브가 대회에 나간다고 하자 승리할 수 있느냐고 묻듯이 딸이 왜 대회에 나가려고 하는지, 어떤 마음 상태인지에 대해서는 전혀 관심이 없다. 오로지 그에게 중요한 것은 승리를 할 수 있느냐는 것이다. 밝고 명랑하던 올리브는 할아버지에게 실패자가 될까봐 두렵다며, 실패자는 아빠가 싫어한다고 자신의 속마음을 울먹이며 털어 놓는다.

리처드는 고단한 아내를 위로해주거나 도와주는 일에는 전혀 관심이 없고, 오로지 자신의 사업 파트너한테서 전화가 왔었는지 물을 뿐이다. 연락이 안 되는 사업 파트너를 찾기 위해 전화를 하면서, 식사준비를 하는 아들을 향해 조용히 하라는 신호를 보내기도 한다.

식사준비로 바쁘게 움직이는 아내와 온통 사업에만 신경을 쓰는 남편, 이들은 서로를 체념한 듯이 보인다. 9번 유형인 셰릴은 문제를 외면함으로써 일시적으로나마 평화를 얻었다. 식사준비를 돕지 않은 남편에 대한 불만을 표현할 수도 있고, 사업 파트너와 통화가 안 돼서 짜증이 난 남편을 충분히 걱정할 수도 있는 상황이었는데도 '상관하지 마'라는 투의 남편에게 아무런 반응을 보이지 않는다. 눈도 마주치지 않고 남편을 스쳐지나갈 뿐이다.

대회장에 늦게 도착해 접수를 거부당하자 아버지 리처드는 무릎을 꿇는다. 자기 자신의 성공을 위해서가 아니다. 딸 올리브의 아버지로, 당신 아버지의 아들로서 대회에 참여할 수 있도록 자신을 내려놓은 것이다. 또 대회장에서 열리는 장기자랑을 보고는 기가 질렸을 때 그는 올리브가 상처를 입을까봐 걱정을 한다. 예전의 3번 유형의 리처드였다면 어떻게 해서든 승리를 위해 노력했겠지만 변화된 리처드는 딸을 걱정하고 있었던 것이다. 이제 그는 진정한 아버지로서의 모습을 보여준다.

올리브가 대회에 나가 춤을 추는 과정에서 심사위원들의 못마땅한 눈총과 무대에서 내려와야 하는 상황을 이기고 3번 유형의 특징인 자신감에 차 있는 모습으로 무대에 올라가 올리브와 춤을 춘다. 자신을 희생하는 열정적인 모습도 보여준다.

3유형과 9유형(성취주의자&조정자)

	3유형	9유형
별칭, 타입	성취주의자	평화주의자
힘의 중심	가슴(감정)중심	장(본능)중심
행동방식(공격, 순응, 후퇴)	공격	후퇴(움츠러듦)
내재된 강박 감정	기만	나태함, 태만

성공과 효율적인 것을 추구하는 3번 유형과, 평온함을 유지하고 해야 할 일을 좀처럼 착수하지 않는 9번 유형이 추구하는 것은 전혀 다르다. 인간관계 보다는 일 중심의 3번 유형 리처드는 느긋한 셰릴이 못마땅하게 보일 수 있고, 셰릴은 딸 올리브마저 '아빠는 실패자를 싫어하시잖아요.'라고 말을 할 만큼 야심이나 경쟁심으로 살아가는 리처드가 마음에 들지 않는다. 하지만, 9번 유형의 어머니 셰릴과 3번 유형의 아버지 리처드는 진정한 자신들의 성격을 통합함으로써 '나'가 아닌 '가족'의 힘으로 위기의 가정에서 극복의 가정을 만들어간다. 나 자신의 욕망과 집착, 두려움을 알고, 내 옆에 있는 사람을 걱정하고 위로하는 모습으로 답을 보여준다.

(3) 드웨인: 5번 유형

아들 드웨인은 철학자 니체를 신봉한다. 또한, 비행기 조종사가 되고자 하는 자신의 목표가 있기에 감정 자체를 두려워하는 5번 유형의 방어기제를 드러내며 집에서조차 묵언 수행을 하고 체력을 단련시킨다. 말이 적고 조심스러운 5번 유형 드웨인은 자신의 의견을 종이에 적어 표현을 하면서까지 한 가지 일에 몰입한다. 이런 모습은 자신만의 시간과 공간을 중요하게 여기는 전형적인 모습으로 비친다. 철저하게 고독하고 힘든 상황에서도 자제력을 가지고 매진하다가, 색맹이라는 전혀 상상하지도 않았던 일이 벌어지는 순간에 무척 괴로워한다. 그렇지만 객관적이고 초연한 태도로 현명하게 현실을 받아들인다.

(4) 할아버지: 7번 유형

매사 긍정적이고 활기 넘치며 어린 손녀 올리브하고도 대화가 잘 통하는 인물이다. 미인대회에 나간다는 올리브에게 나이와 대회의 성격과 맞지 않는 춤을 가르쳐주면서도 개의치 않으며 호기심 많고 삶을 즐기는 7번 유형의 전형적인 모습을 보여준다. 대회를 앞두고 걱정하는 올리브에게도 "실패자란 어떤 사람인지 아니? 진짜 실패자는 지는 게 두려워서 도전조차 안하는 사람이야.", "넌 노력하잖아, 안 그래? 그럼 패배자가 아니야."라며 모험을 즐기고 도전하는 7번 유형의 긍정적인 에너지를 발산한다.

(5) 프랭크: 4번 유형

학자이자 동성애자인 프랭크는 섬세한 감수성을 지닌 지성인이다. 우울증으로 자살시도를 하여 누나의 집에 왔다가 올리브 가족과 함께 미인대회에 동행한다.

부둣가에서 조카 드웨인이 '고통스러운 고등학교 시절을 건너뛰고 18살까지 잠만 잤으면 좋겠다'고 자신의 속마음을 이야기하자 프랭크는 프루스트의 말을 인용하며 말한다. "말년에 자신의 삶을 돌아보고는 이런 결론을 내렸어. 자신이 고통받았던 날들이 자기 인생의 최고의 날들이었다고. 그때의 자신을 만들어 낸 시간이었으니까. 프루스트는 행복했던 시절에는 아무것도 배운 게 없었대."라고 한다.

한 편의 영화를 심리학과 에니어그램의 관점으로 바라보면 그 안에서 일어나는 가족 구성원의 갈등, 위기로 각자 자신의 본질과 패턴을 분석할 수 있다. 영화 '미스 리틀 선샤인'에서 3대가 한 가족으로 살아가는 가운데 빚어지는 가족 간의 관계를 엿볼 수 있다. 영화를 에니어그램 관점에서 바라보면 부부의 성격차이가 갈등을 만들고 이는 자녀에게 영향을 미치고 있었으며, 건강하지 않았던 성격이 시간이 흐르면서 치유되는 것을 볼 수 있다. 또한, 가족들이 서로를 이해하고 받아주는 통합의 과정을 보며 서로가 틀리지 않고 달랐음을 알 수 있다. 우리는 영화를 보고 웃거나, 울고, 화가 나거나 하는 등의 감정적 위로를 스스로 받고, 그 안에서 카타르시스를 경험하며 치유하게 된다. 그 뿐만 아니라 주인공들의 행동과 자신의 행동을 동일시해봄으로써 어떤 상황에서는 힘을 얻고, 오랫동안 미해결되었던 실마리를 찾을 수 있기도 한다.

MOVIE Talk? Talk!

상호작용적 접근 방법 세 가지: '미스 리틀 선샤인'

첫째, 인지·행동적 접근
- '미스 리틀 선샤인' 대회에 떠나는 버스 안에서 드웨인은 자신이 색맹인 것을 발견하고 감정을 표출합니다. 이 때 나라면 어떻게 행동을 할 것인지 모델링 학습을 해보세요.
- 올리브가 무대에 올라가 춤을 추는데 주최 측에서 내려오라고 저지합니다. 만약 나의 가족 구성원이 이런 상황에 놓인다면 어떻게 행동할 것인가요?

둘째, 정신분석적 접근
'미스 리틀 선샤인' 영화를 30분 내외로 통편집해 보거나 전체 내용을 관람해보세요. 보고 난 후 영화를 보면서 느꼈던 감정, 연상되었던 것 등을 크레파스를 사용해 도화지에 자유롭게 표현해보세요.

셋째, 정서중심적 접근
- 영화를 보고 난 바로 그 순간의 감정을 표현해보세요(다양한 천, 색깔로 표현).
- 가족에게 화가 났을 때 어떻게 표현하는지 생각해보세요(억압, 표출, 회피 등).
- 빈 의자 기법, 역할극을 통해 자신의 감정을 표현해보세요.
- 가족사진을 꺼내어 보면서 가족 한 사람, 한 사람에게 하고 싶은 이야기나 자신의 감정을 느껴보세요.

9분할 통합 회화법

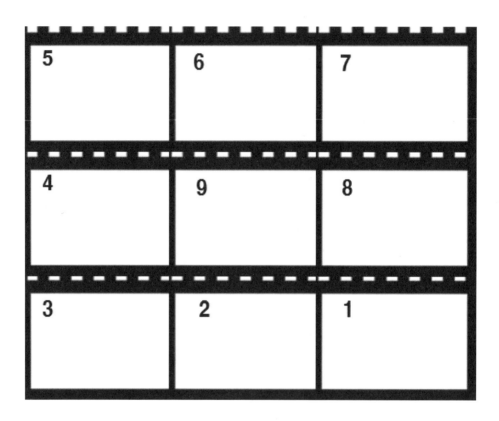

참고문헌

권석만(2014). 현대심리치료와 상담이론. 학지사.

권석만(2017). 인간이해를 위한 성격심리학. 학지사.

김서영(2007). 영화로 읽는 정신분석. 은행나무.

김수지(2005). 대인관계향상을 위한 상호작용적 영화치료의 효과. 고려대학교 박사학위
논문.

김수지(2013). 자기조력적 영화치료와 상호작용적 영화치료의 효과 비교. 영화연구. 55.
83 – 126.

김은하 외(2016). 영화치료의 기초: 이해와 활용. 박영사.

김준형(2004). 영화 집단 프로그램이 자아실현과 영성에 미치는 효과. 서울불교대학원대
학교 석사학위논문.

김준형(2010). 중년여성의 죽음 의미 발견을 위한 영화치료 프로그램 개발 및 효과검증.
서울불교대학원대학교 박사학위논문.

김창대, 김진숙, 이지연 역(2008). 대상관계이론 입문. 학지사.

김창대(2009). 인간변화를 촉진하는 다섯 가지 조건에 관한 가설: 상담이론의 관점에서.
인간이해. 30. 21 – 43.

프로이트, 김기태 역(1999). 꿈의 해석. 선영사.

프로이트, 이환 역(2007). 꿈의 해석. 돋을새김.

노안영(2014). 상담심리학의 이론과 실제(1판). 학지사.

노안영, 강영신(2002). 성격심리학. 학지사.

도경진(2015). 한국 청소년의 행복 체험. 한양대학교대학원 박사학위논문.

그린버그 레슬리 S., 김현진 역(2018). 정서중심치료. 교육과학사.

박경애(2013). 아동 및 청소년을 위한 인지행동치료 상담사례. 학지사.

박성영(1997). '영화'를 통한 상담 가능성 연구－정신분석학적 영화보기를 통하여. 감리
교신학대학교 석사학위논문.

비르기트 볼츠, 심영섭 외 역(2005). 시네마테라피. 을유문화사.

우드 사무엘 E. 외, 장문선, 김지호, 진영선 역(2010). 심리학의 세계. 학지사.

소희정(2019). 영화, 행복심리를 말하다. 박영스토리.

소희정(2018). 예술심리치료의 이해와 적용. 박영스토리.

수잔 놀렌 혹스마, 이진환 외. 심리학 원론. CENGAGE Learning.

심영섭(2011). 영화치료의 이론과 실제. 학지사.

서은국(2014). 행복의 기원. 21세기 북스.

앙마뉘엘 톨레, 김희균 역(1996). 영화의 탄생. 12 – 13. 시공사.

어빈 얄롬 D., 임경수 역(2007). 실존주의 심리치료. 학지사.

윤운성(2003). 에니어그램 이해와 적용. 학지사.

윤운성. 에니어그램1단계 워크북.

윤운성. 에니어그램2단계 워크북.

이무석(2003). 정신분석에로의 초대. 이유.

이언 스튜어트, 밴 조인스 공저, 제석봉, 최외선, 김갑숙 역(2016). 현대의 교류분석. 학지사.

이언 스튜어트, 우재현 역(2016). 교류분석(TA) 개인상담. 학지사.

이창재(2004). 프로이트와의 대화. 학지사.

정여주(2005). 미술치료의 이해. 학지사.

제럴드 코리, 조현춘 외 역(2010). 심리상담과 치료의 이론과 실제. 시그마프레스.

제럴드 코리, 최성문 외 역(2017). 심리상담과 치료의 이론과 실제(10판). 센게이지러닝
    코리아.

최영민(2010). 쉽게 쓴 정신분석이론 대상관계이론을 중심으로. 학지사.

최외선 외(2006). 미술치료기법. 학지사.

최인철(2018). 굿 라이프. 21세기북스.

최현석(2011). 인간의 모든 감정. 서해문집.

탈 벤 샤하르 지음, 노혜숙 역(2007). 해피어. 위즈덤하우스.

Birgit Wolz(2004). E – Motion Picture Magic. A Movie Lover's Guide to Healing and
    Transformation.

Diener, E.(1984). Subjective well – being. Psychological Bulletin. 95. 542 – 575.

Gomez, Lavinia(1997). (An)introduction to object relations.

Hesley. J. W. & Hesley J. G.(2001). Rent two films and let's talk in the morning: Using popular movies in psychotherapy. New York: Wiley.

http://walterjacobsonmd.com

http://worldkings.org

http://www.cinematherapy.com

Solomon, G. (1995). The motion picture prescription: Watch this movie and call me in.

영화 이미지는 네이버, 구글 공식 정보.

저자약력

소희정

마음과공간 예술심리연구소 대표
한국공연예술치료협회 공동대표
국제사이버대학교 특수상담치료학과 겸임교수
우석대학교, 성공회대학교 외래교수
한국에니어그램교육연구소 전임교수
한국사진치료학회 회장 및 슈퍼바이저
한국영상영화치료학회 슈퍼바이저
한국상담학회 전문상담사

저 서
예술심리치료의 이해와 적용
영화, 행복심리를 말하다
예술치료(공저)

영화 심리학

−영화로 전해주는 마음 이야기−

초판발행	2019년 11월 11일
지은이	소희정
펴낸이	노 현
편 집	최은혜
기획/마케팅	노 현
표지디자인	벤스토리
제 작	우인도·고철민
펴낸곳	㈜ 피와이메이트
	서울특별시 금천구 가산디지털2로 53 한라시그마밸리 210호(가산동)
	등록 2014. 2. 12. 제2018-000080호
전 화	02)733-6771
f a x	02)736-4818
e-mail	pys@pybook.co.kr
homepage	www.pybook.co.kr
ISBN	979-11-6519-025-5 93180

정 가   15,000원

박영스토리는 박영사와 함께하는 브랜드입니다.